Petra Fürst

Erfolg bei Männern

Petra Fürst

Erfolg bei Männern

Wie Sie Ihre Anziehungskraft
auf Männer gekonnt erhöhen

humboldt

Bibliografische Information der Deutschen Nationalbibliothek
Die Deutsche Nationalbibliothek verzeichnet diese Publikation in der Deutschen Nationalbibliografie; detaillierte bibliografische Daten sind im Internet über http://dnb.ddb.de abrufbar.

ISBN 978-3-86910-491-1 (Print)
ISBN 978-3-86910-572-7 (PDF)
ISBN 978-3-86910-571-0 (EPUB)

Die Autorin: Petra Fürst hat sich als Single- und Beziehungscoach auf die Beratung von Frauen spezialisiert. Mit ihrer Hilfe haben bereits Tausende Frauen ihren Traummann gefunden und behalten. Durch ihre erfolgreichen Methoden gehört Petra Fürst zu den gefragtesten deutschsprachigen Experten zu Flirt- und Beziehungsthemen. In ihrem Unternehmen NewSocialDynamics berät sie erfolgreich Frauen rund um die Themen Leben und Liebe.

Originalausgabe

Eine Marke der Schlüterschen Verlagsgesellschaft mbH & Co. KG,
Hans-Böckler-Allee 7, 30173 Hannover
www.schluetersche.de
www.humboldt.de

Covergestaltung: DSP Zeitgeist GmbH, Ettlingen
Innengestaltung: akuSatz Andrea Kunkel, Stuttgart

Lektorat: Nathalie Röseler, Dateiwerk GmbH, Pliening
Covergestaltung: DSP Zeitgeist GmbH, Ettlingen
Coverfoto: Leo Neumüller
Innengestaltung: akuSatz Andrea Kunkel, Stuttgart
Satz: PER Medien+Marketing GmbH, Braunschweig
Druck: Grafisches Centrum Cuno GmbH & Co. KG, Calbe

Hergestellt in Deutschland.

Inhalt

Einleitung

Kein Thema beschäftigt die Menschen mehr als die Liebe. Liebesgedichte und romantische Lieder existieren schon seit Tausenden von Jahren, genauso wie es viele tragische Geschichten von unerfüllter Liebe gibt. Romeo und Julia ist nur eines der unzähligen Beispiele davon.

Ich möchte gar nicht wissen, wie viele gebrochene Herzen diese Welt schon gesehen hat. Manche konnten wieder heilen und manche blieben gebrochen bis ans Ende ihres Lebens. Ich habe mir immer wieder die Frage gestellt: Was macht den Unterschied aus zwischen Frauen, die es leicht haben, den passenden Mann zu finden, und all jenen großartigen Frauen, die trotz ihres liebenswerten Wesens leider immer wieder von einer Enttäuschung in die nächste schlittern. In den letzten Jahren habe ich durch das Studium psychologischer Prozesse, die Arbeit als Trainerin und durch echte Feldstudien viele spannende Antworten erhalten und einen Lösungsweg gefunden, der für jede Frau sofort umsetzbar ist – ganz egal, ob sie nun frisch getrennt ist oder schon länger auf der Suche nach dem perfekten Mann fürs Leben. Es gibt nur eine Voraussetzung: Dran bleiben und handeln!

„Erfolg bei Männern" ist bewusst in Du-Form geschrieben, denn dieses Thema ist ein sehr persönliches und ich möchte dich hier direkt ansprechen. Ich bin deine Verbündete, deine Freundin, die dir hier mit ihrem Wissen über die Psyche der Männer zur Seite steht. Der Prozess, einen passenden Mann zu finden, beginnt zuallererst bei dir selbst, wir werden deine Muster aufdecken und transformieren und dabei wirst du viel Spannendes über dich erfahren. Deine Erfahrungen in den Übungen – ja, es gibt Übungen und du solltest sie unbedingt der Reihe nach durchführen – werden spannend, berührend und auch sehr lustvoll sein.

Ich gratuliere dir zu der Entscheidung dieses Buch zu lesen, denn du wirst sehen: Danach bleibt kein Stein mehr auf dem anderen, und der Erfolg bei Männern ist dir garantiert. Diese Techniken wurden schon vielfach von meinen Klientinnen und Seminarteilnehmerinnen erfolgreich umgesetzt. Und viele Frauen, die das Buch schon vor dir gelesen haben, schreiben mir begeisterte Briefe und E-Mails.

Manchmal erzähle ich von meinen Erfahrungen oder den Erlebnissen meiner Klientinnen und manchmal gibt es sehr klare, technische Anweisungen. Man könnte jetzt fragen, ob es wirklich so eine genaue Anleitung braucht, um seinen Traummann zu bekommen. Die Antwort wäre „Ja" und „Nein". „Nein", in jenen Bereichen, in denen du ohnehin die richtigen Schritte setzt und die Resultate eintreten, die du wünscht, und „Ja" in den Momenten, in denen du

unsicher bist oder alte Emotionen dir in deinem Handeln in die Quere kommen.
Niemand hat uns je erklärt, wie man am besten flirtet oder einen Mann verführt. Weder meine Mutter noch meine Großmutter und auch nicht meine Freundinnen wissen, wann ich eine SMS beantworten oder was ich beim ersten Date von mir erzählen sollte. Wenn er sich nicht mehr meldet, was tust du dann? Wäre es nicht besser, hier ein wenig das Ruder in der Hand zu haben und von vorneherein dafür zu sorgen, dass er garantiert wieder anruft? Willst du jeden Mann, der dir gefällt, dazu bringen können, dass er dich anspricht? Und das nur über die richtige Körperhaltung und Blickkontakt? Dann ist dieses Buch genau richtig für dich!
Schön, dass du jetzt hier bist und beschlossen hast, den Mann deiner Träume zu bekommen. Ich freue mich darauf, dich bei deiner Reise ein Stück weit zu begleiten, und wünsche dir viel, viel Freude mit meinem Buch „Erfolg bei Männern“.

Alles Liebe,
deine Petra

P.S. Wenn du mit mir persönlich in Kontakt treten willst oder konkrete Fragen hast, dann findest du mich im Internet unter www.newsocialdynamics.de

Der Kodex und die Liebe

Bitte akzeptiere zuallererst den „Kodex“. Die Techniken, die in diesem Buch vermittelt werden, sind mächtig und erfolgreich. Beachte jedoch bitte ein paar wichtige Grundregeln.

1. Wir Frauen halten zusammen. Das heißt für dich, dass du bitte nie versuchen wirst, einer anderen den Freund auszuspannen, auch wenn du es ab nun könntest. Wenn er dir wirklich so gut gefällt, dann warte ab, bis er wieder zu haben ist, und beschäftige dich in der Zwischenzeit anderweitig.
2. Erzähle niemals einem Mann, dass du dieses Buch gelesen hast! Männer können es gar nicht leiden, wenn sie das Gefühl haben, sie wurden manipuliert. Sie lieben authentische Frauen. Kein Mann will wissen, dass du bestimmte Übungen und Tricks verwendet hast, damit du dich selbstbewusst und schön fühlst. Außerdem wollen wir dieses Wissen doch für uns behalten, nicht wahr?
3. Helfe deinen Freundinnen und lasse sie am Erfolg teilhaben. Sei nicht eifersüchtig oder knauserig, du bist etwas Besonderes, so wie jede von uns. Je mehr Frauen ihr Licht strahlen lassen können, desto besser. Es gibt genug Männer für uns alle da draußen.
4. Bitte bedenke, dass die Techniken aus Modul 2 sehr effektiv sind, da sie direkt auf die Psychologie des Mannes wirken. Wenden sie nur dann an, wenn du wirklich Interesse an ihm hast!

5. Es gibt, hauptsächlich in den USA, aber vermehrt nun auch in Europa, die sogenannte Pick-up-Szene. Das sind Gruppen von Männern, die sich durch die Anwendung verschiedener Methoden, wie zum Beispiel auch Hypnose, bessere Chancen in der Kunst der sexuellen Verführung versprechen (ein Bestseller zu diesem Thema war „Die perfekte Masche" von Neill Strauss). Wir wollen uns von der männlichen Pick-up-Szene abheben, indem wir mit den Techniken vorsichtig und gedankenvoll umgehen. Jeder Mensch soll sich nach einer Begegnung mit dir besser fühlen als davor und nicht umgekehrt! Die Werte und Gefühle anderer Menschen müssen respektiert und geachtet werden.

Die Zahl der Singlehaushalte in den europäischen und amerikanischen Großstädten nimmt heutzutage ständig zu. Das hat viele verschiedene Ursachen, die sich einerseits durch eine kulturelle Entwicklung, den Einfluss der Medien auf die Lebensgestaltung der Menschen und andererseits auch durch die generelle Haltung unserer Wegwerfgesellschaft bedingen. Früher oder später aber leiden die meisten Menschen unter dem Singledasein und wünschen sich nichts sehnlicher als eine glückliche Beziehung.
Ich werde hier nicht auf die Ursachen eingehen, sondern Lösungen präsentieren. Das hier ist ein Buch, in dem du Antworten auf das „Wie" findest. Hier lernst du alles, was du brauchst, um die Fehler aus deiner Vergangenheit zu

erkennen und zu vermeiden. Du erfährst, wie du ab sofort Männer, die dir gefallen, magisch anziehen kannst und wie du in Zukunft jeden Mann, der dir gefällt, dazu bringen wirst, dich um ein Date zu bitten.

Das Ziel ist, dass du dir aussuchen kannst, mit welchem Mann du eine Beziehung eingehen möchtest. Ob rund um dich die Scheidungsrate steigt, wird dir dann egal sein, denn du kennst die psychologischen Feinheiten und weiblichen Tricks, die Männer stets betören – ganz egal, wie die wirtschaftliche oder politische Lage in deinem Land gerade aussieht. Ist Liebe nicht stärker als alles andere? Ist es nicht die Liebe, die uns jede Krise überstehen lassen kann?

Als Frau kennst du die Antwort: Ja! Liebe ist die Essenz unseres Seins, Liebe ist das, was unser Leben erst lebenswert macht.

Modul 1: Die gute Vorbereitung

Jedes erfolgreiche Vorhaben beginnt mit einer ausgezeichneten Vorbereitung. Nimm dir ausreichend Zeit, alle Übungen in den folgenden Kapiteln zu erarbeiten, damit du optimal vorbereitet bist, wenn du auf die ersten potenziellen Partner triffst.

Besorg dir ein Notizbuch oder ein Tagebuch, in dem du die Übungen und deine Erfahrungen aufschreibst. Durch sofortiges Notieren deiner Erkenntnisse und Lernerfolge wirst du deine Ziele wesentlich schneller erreichen, als wenn du das nicht tust. Mitzuschreiben hilft dir deinen Fokus zu halten und du kannst deine Entwicklung gut beobachten.

In Modul 1 beginnen wir ganz am Anfang – in deiner Vergangenheit. Jeder Mensch hat sich irgendwann einmal bestimmte Beziehungsmuster angelernt. Viele davon kommen aus der Kindheit und dem Elternhaus und andere wurden durch Freunde, Umfeld oder Medien angenommen. Natürlich passiert das unbewusst und automatisch. Wenn Muster bewusst werden, können sie verändert werden. Das bedarf regelmäßiger Übung und Aufmerksamkeit, so wie bei allen Dingen in deinem Leben, die du neu lernst! Erinnere dich an den Beginn deines Studiums oder deiner Berufsausbil-

dung! Am Anfang warst du mit all den neuen Aufgaben überfordert, die du jetzt mit Leichtigkeit meisterst.
Am Anfang meines Physikstudiums war ich in Mathematik eine der schlechtesten Studentinnen. Ich saß im Hörsaal am liebsten in der letzten Reihe, spielte mit meinem Mobiltelefon, lief zwischendurch raus, um eine Zigarette zu rauchen, und war grundsätzlich gegen den Vortragenden. Sätze wie „Das ist viel zu schwierig", „Der Professor kann nicht erklären", „Wozu braucht man diesen Blödsinn denn?" gehörten zu meinen Standardaussagen. Kein Wunder also, dass ich bei der Prüfung am Semesterende vollkommen versagte.
Zuerst war ich mir sicher, dass der Professor daran schuld war, dass die Prüfung unfair und viel zu schwierig war und dass niemand diese Beispiele hätte lösen können. Die Realität war jedoch, dass es einige Studenten gab, die diese Prüfung mit einem „Sehr Gut" bestanden hatten. Was hatten die, was ich nicht hatte?
Der Ehrgeiz hatte mich gepackt und ich wollte dem Geheimnis der erfolgreichen Studenten auf die Spur kommen. Also freundete ich mich mit denen an, die sich mit scheinbarer Leichtigkeit durch einen der schwierigsten Studiengänge bewegten.
Das erste Geheimnis der Gewinner war, dass sie eine unglaublich positive, optimistische Einstellung besaßen. Sie waren neugierig und offen und hörten dem Professor mit voller Aufmerksamkeit zu. Typische Sätze waren: „Das ist

sicher ganz einfach", „Ich kann alles schaffen, was ich will", „Wie kann man am besten dieses Ergebnis erreichen?" und „Ich bin gespannt, wo ich diese Technik noch verwenden kann".
Wenn sie Fehler machten, dann nahmen sie das als Anlass, um sich beim nächsten Mal noch mehr zu bemühen. Sie hörten nicht auf an etwas zu arbeiten, bis sie es geschafft hatten. Die Erfolgreichen verfügten über gute Netzwerke mit anderen Erfolgreichen und stellten Fragen, wenn sie nicht mehr weiterwussten. Sie übten eine Sache so lange, bis sie sie beherrschten. Erst dann machten sie weiter.
Ich kopierte die Einstellung dieser „Genies". Ich sprach nur noch positiv über die Vorlesung, über mich und meine Talente. Anfangs kostete mich dies Überwindung, denn es war ungewohnt und neu. Doch innerhalb kürzester Zeit wurde es für mich zur Normalität, ja sogar zur Realität. Durch die positive Einstellung folgte sofort eine unbändige Motivation zu üben. Es machte mir Freude, jeden Tag eine Stunde früher aufzustehen, um in Ruhe Mathematik üben zu können, bevor meine kleine Tochter erwachte. Ich wurde immer besser und besser und bei meinem zweiten Prüfungsantritt bestand ich die Prüfung mit der vollen Punktzahl. Ich war in kurzer Zeit von einer der Schlechtesten zu einer der Besten geworden.
Genau dieselbe Strategie funktioniert auch für erfolgreiches Flirtverhalten. Wenn du bis jetzt nicht gut darin warst, die richtigen Männer auf dich aufmerksam zu machen, dann

ändere deine Strategie und übe! Du wirst in jedem Kapitel Übungen finden, die dich dabei unterstützen, das neue Verhalten ganz natürlich in dein Leben zu integrieren. Ein aufgesetztes, manipulatives Verhalten funktioniert nicht, da es von Männern schnell durchschaut wird und außerdem in manchen Momenten nicht haltbar ist. Übe regelmäßig und dieses natürliche, weibliche, verführerische Selbstbewusstsein wird ein Teil deiner Persönlichkeit, auf den jeder Mann reflcktiert.

In den folgenden Kapiteln geht es nicht nur darum festzustellen, warum es früher nicht funktioniert hat, sondern auch – und das macht unglaublichen Spaß – darum, sich selbst als eigene Marke zu kreieren. Du solltest auf keinen Fall so werden oder dich so kleiden, wie es alle anderen tun, ganz im Gegenteil: Entdecke dich selbst und bringe deine Einzigartigkeit vollkommen zum Ausdruck! Männer lieben das!

Status quo

Jedes erfolgreiche Vorhaben, jede Firmengründung, jeder Wohnungskauf beginnt zuerst einmal mit einer Bestandsaufnahme: Wo stehe ich?, Wo will ich hin?, Was habe ich bereits? und Was brauche ich noch?

Jede Frau, die ich kenne, würde ihre Finanzen checken, bevor sie sich eine Wohnung kauft, sich dann stundenlang mit ihren Freundinnen darüber unterhalten, wie genau

sie sich die neue Wohnung vorstellt, vielleicht sogar den gewünschten Grundriss der gesuchten Immobilie aufzeichnen und sich dann monatelang auf die Suche nach der besten Wohnung machen.
Ich kenne keine, die die nächstbeste Wohnung nimmt, die ihr angeboten wird, nur damit sie einfach eine hat. Aber ich kenne Frauen, die sich mit dem nächstbesten Typen einlassen, ohne ihn vorher eingehend zu prüfen, nur aus Angst, keinen anderen mehr zu finden.
Ich habe noch nie jemanden darüber klagen gehört, dass er nie wieder so eine schöne Wohnung finden wird wie die alte, auch wenn in dieser nicht alles perfekt war und es bei Regen durchs Dach getropft hat.
Allerdings kenne ich Frauen – mich selbst eingeschlossen –, die nach dem Ende einer anstrengenden, unerfüllten Beziehung dem Ex nachtrauern: „Es wird nie wieder einer kommen, der uns so gut versteht, nie wieder jemand, mit dem wir so viel Spaß haben können.“ Er hatte doch so tolle Eigenschaften, und die Beziehung ist nur zerbrochen, weil ihn seine Exfreundin/seine Mutter/sein Vater beziehungsunfähig gemacht haben.
Schwachsinn! Solange du das glaubst, wirst du nie in einer Beziehung glücklich werden können. Nicht nur Männer, auch Frauen nehmen genau das oft als Ausrede, um jemanden nicht die Meinung ins Gesicht sagen zu müssen und ihn dabei zu verletzen. Ist es nicht viel besser zu denken, jemand hat wegen seiner verkorksten Vergangenheit

Schluss gemacht, anstatt deshalb, weil er seinen Partner einfach nicht mehr liebt?
Menschen machen Fehler, Männer und Frauen gleichermaßen, und auch wenn sich jeder gewünscht hätte, für immer miteinander glücklich zu sein, es hat eben diesmal nicht geklappt. Aber genau dafür gibt es dieses Buch! Wenn du die Prozesse Schritt für Schritt ausführst und dich an die Übungen hältst, dann hast du ab jetzt das Ruder in der Hand. Du lernst, was die häufigsten Beziehungsfehler sind und wie du sie vermeiden kannst. Das wird dein Selbstbewusstsein Schritt für Schritt aufbauen und du wirst mit deiner Ausstrahlung Männer verzaubern.
Dabei wirst du an dir arbeiten müssen, manches wird dir leicht fallen und manchmal wirst du deine Komfortzone verlassen müssen, um effektiv dazuzulernen. Es ist wichtig, dass du die Reihenfolge der Übungen einhältst, um den optimalen Effekt zu erzielen.
Also lass uns von vorne beginnen: mit deinem Status quo.

Was bisher geschah …

Ich habe immer schon gerne gelesen und sammle Bücher seit meiner Kindheit. Je nachdem in welcher Lebens- und Entwicklungsphase ich mich gerade befand, wechselten die Themen. In den letzten 15 Jahren hat sich jedoch eine Konstante durch all meine Bücher gezogen: Sie erlaubte mir zu wachsen, neues Wissen über die Welt und die Menschen in ihr aufzunehmen. In meinem Bücherregal stehen viele Selbsthilfe- oder Psychologiebücher. Früher hatte ich gerade einmal die Hälfte davon gelesen. Der Rest wartete darauf, irgendwann einmal gelesen zu werden. Wie es aber so ist mit den Dingen, die man aufschiebt: Es ist nie der richtige Zeitpunkt dafür.

Ich wollte zum Beispiel immer schon Italienisch lernen. Ich liebe diese Sprache und ihren Klang. Natürlich habe ich mir Italienisch-Sprachkurse auf CD gekauft. Rate mal, wo die zwei Jahre lang lagen? In meinem DVD-Regal! Sie fügten sich wunderbar in das Gesamtbild, sodass sie mit der Zeit von meinem Unterbewusstsein als fixes Inventar dieses Regals wahrgenommen wurden und dort auch liegen blieben.

Einmal begann ich damit, die erste Lektion des Kurses zu lernen. Es machte mir Spaß und war interessant. Am nächsten Tag hatte ich keine Zeit. Am übernächsten habe ich es vergessen. Dann war ich bei Freunden eingeladen. Dann lief ein guter Film im Fernsehen, den ich sehen wollte … Ein Jahr später plante ich eine Italienreise und mir fiel der vergessene Sprachkurs wieder ein. Mittlerweile wusste ich schon, dass ich, wenn ich nicht jetzt sofort damit starten würde, wieder nichts passieren würde. Also suchte ich zunächst die Unterlagen heraus. Der nächste Schritt war, die Lerneinheiten in leicht zu bewältigende Tagesportionen einzuteilen. Das Gehirn kann es weder leiden beim Lernen unter- noch überfordert zu werden. Die Lerneinheit sollte spannend sein und Spaß machen. Die optimale Zeit für eine Lerneinheit liegt hier je nach Person und Thema bei 20 bis 30 Minuten. Da ich nicht für eine Prüfung oder eine bestimmte Deadline lernen musste, sondern nur für meinen persönlichen Spaß, entschied ich mich für tägliche 30 Minuten. Als Lerntrainerin wusste ich auch, dass ich diese jetzt terminieren musste. Einfach irgendwann damit zu beginnen, wird schwerer funktionieren, als sich einen fixen Termin zu setzen. Ich hatte mehrere Möglichkeiten: morgens beim Frühstück, nachmittags um 15 Uhr, wenn ich darauf wartete, bis meine Tochter beim Turntraining fertig war, oder abends vor dem Schlafengehen. Je nachdem, was sonst noch auf dem Programm stand, teilte ich mir meine Lerneinheiten in eines dieser Zeitfenster ein.

Der nächste Schritt war, mit dem ersten Kapitel *sofort* zu beginnen. Jetzt. Auf der Stelle.

Anfangs konnte ich mich nicht so leicht überwinden, mit dem Lernen zu beginnen. Viele andere Dinge gingen mir durch den Kopf und ich hätte es gerne verschoben, wenn da nicht dieser eine starke Gedanke in meinem Kopf herumgespukt wäre: Ich wusste, *warum* ich die Sprache unbedingt beherrschen wollte.

Damals, als ich mit zwei meiner Freundinnen im Urlaub gewesen war, hatten wir diese drei schnuckeligen Italiener kennengelernt. Mamma mia: Stefano, Matteo und Davide. Wir waren gemeinsam schwimmen, essen und abends aus, um zu feiern. Es war wunderbar. Zumindest für den ers-

ten Tag. Dann gab es eine klitzekleine Schwierigkeit. Wir konnten nicht miteinander reden! Wir sprachen kein Wort Italienisch und sie konnten weder Deutsch noch Englisch. Sie waren so gut aussehend – und es war so fad mit ihnen. Diese mögliche Liebesgeschichte endete, noch bevor sie begonnen hatte. Keiner wusste etwas über den anderen, wir unterhielten uns nur untereinander und die ganze Zeit mit jemandem zu schmusen, über den du nichts weißt, wird auch bald öde. Damals ärgerte ich mich, dass ich nicht ein bisschen Italienisch gelernt hatte.
Hier saß ich also, meinen Urlaub planend, mich an das Stefano-Desaster erinnernd und wusste, egal ob nun als Single oder nicht: Mehr Spaß hast du, wenn du kommunizieren kannst und die anderen auch verstehst. Das war mein Ziel: Ich wollte Spaß haben!
Ich konnte es in einem großen, bunten Bild direkt vor mir sehen. Ich sah durch meine eigenen Augen, was ich sehen würde, wenn ich das alles gelernt hatte. Ich konnte fühlen, wie selbstbewusst, sicher und fröhlich ich mich fühlen würde, mit all diesem Wissen, das mir dann einfach so zur Verfügung stand. Ich konnte hören, was ich innerlich zu mir selbst sagen würde und was andere dazu zu sagen hätten. Jedes Mal wenn dieses Bild vor meine Augen kam, dann konnte ich nicht anders: Ich musste die Übung sofort beginnen. Ich wollte lernen und mein Ziel erreichen!
Motivation beginnt immer bei dem *Warum*. Das Wie und Wann kommt dann von selbst. Umso stärker, bunter, leben-

diger und dringender dein Warum ist, umso weniger kann man dich stoppen. Du bist dann unaufhaltbar!

Das Wichtigste ist: Bleib dran!

Wenn du konstant dabeibleibst, wirst du Erfolg haben.

Willst du es wirklich?

Jetzt?

Dann starte durch!

Übung 1: Warum willst du dein Leben verändern?

Schreibe alles detailliert auf:

Was ist deine momentane Ausgangsituation, dein Status quo? (Welche Emotionen empfindest du häufig, triffst du jemanden oder kennst du jemanden, der dir gefällt? Wo stehst du zurzeit ...)

Angenommen alles verläuft optimal, du lernst alles, was du lernen wolltest, hattest Glück und warst immer zur richtigen Zeit am richtigen Ort. Was ist der optimale Ausgang, das optimale Ziel in 30 Tagen? Wo willst du stehen? Wie willst du dich fühlen? Wer soll in deinem Leben sein? Beschreibe das optimale Zielbild so genau wie möglich!

Jetzt die letzte und wichtigste Frage: *Warum* willst du dieses Ziel erreichen? Was hast du davon? Warum das und warum du?

Du hast in deinem Leben bisher schon einige Erfahrung mit Männern gemacht, und egal ob du viele lange Beziehungen hattest, nur kurze Affären oder du deine Jugendliebe geheiratet hast: Das Nonplusultra war bisher noch nicht dabei.

Aber manche Männer waren knapp dran, Prinzen zu sein, und wieder andere waren nicht nur Frösche, sondern richtige Kröten.
Um in Zukunft deinen Fokus auf die Prinzen zu legen und den Kröten auszuweichen, musst du genau wissen, was die beiden voneinander unterscheidet. Du musst wissen, was du willst und was gar nicht infrage kommt. Am Allerwichtigsten ist es aber, dass du das immer im Bewusstsein behältst.
Stell dir mal vor, du suchst eine Zweizimmerwohnung in der Innenstadt mit Balkon, von der aus du nur 15 Minuten zur Arbeit bräuchtest. Du beginnst also regelmäßig den Immobilienteil der Zeitung zu durchforsten, mit dem Fokus auf eine Zweizimmerwohnung. Alle infrage kommenden Wohnungen wirst du zuerst markieren, dort anrufen und einen ersten Besichtigungstermin ausmachen. Wenn die Wohnung nicht mindestens zu 90 Prozent deinen Bedürfnissen entspricht, wirst du es wahrscheinlich sein lassen. Niemand käme auf die Idee, sich jede angebotene Wohnung anzusehen, denn das würde nur kostbare Zeit in Anspruch nehmen.
Wer schon öfter umgezogen ist, weiß auch, dass man ständig dazulernt. Hattest du einmal eine Wohnung über der Straßenbahnstation, dann weißt du, was dich erwartet, wenn du dir wieder dort eine suchst: nervtötende Geräusche im Sieben-Minuten-Takt ab fünf Uhr morgens.
Nimm dir also Zeit herauszufinden, was du dir wirklich wünscht.

Übung 2: Die Vergangenheit ist nicht die Zukunft

Bei dieser Übung wird dir klar werden, welches Muster du bei Männern verfolgt hast. Vielleicht bist auch von einem Extrem zum anderen gewechselt. Wie auch immer: Klarheit ist der erste wichtige Schritt zur Veränderung!

Schreibe die fünf wichtigsten Männer aus deinem Leben auf. Beginne bei deinem Vater, denn er war der erste wichtige Mann in deinem Leben. (Wenn du ihn nicht kennst, dann versuch dir vorzustellen, wie er gewesen sein könnte.)

Gehe nun nach der Reihe jeden einzelnen Mann durch, erinnere dich zurück und sei kritisch:

- Was waren seine guten Eigenschaften, was hat dir besonders an ihm gefallen?
- Was waren seine schlechten Eigenschaften, was konntest du an ihm gar nicht leiden?

Schreibe alles detailliert auf!

Jetzt hast du einen guten Überblick darüber bekommen, was dich an deinen Verflossenen angezogen hat und was du nie wieder erleben willst.

Diese Gegenüberstellung dient auch der Entmystifizierung des Expartners. Wenn Singlefrauen gerade nicht so erfolgreich beim Flirten und bei der Partnersuche sind, tappen sie in die „Früher-war-alles-besser-Falle“. Das heißt, sie reden sich die Vergangenheit schön, auch wenn er ein Frosch war und sie belogen und betrogen hat. Denn: Es war ja einmal schön mit ihm. Das ist ganz sicher richtig, und dennoch gibt es Gründe, warum diese Beziehung jetzt vorüber ist. Also, Augen auf und los geht's mit der Analyse!

Anna war Mitte dreißig, als sie zu mir ins Coaching kam. Auf den ersten Blick war es unverständlich, warum sie immer noch Single war: Sie war hübsch, gepflegt und sehr sympathisch. Als Mitglied einer Singleplattform im Internet traf sie sich regelmäßig mit Männern, die sie dort kennenlernte. Anfangs lief alles gut. Sie bekam regelmäßige Anfragen und Nachrichten von einigen interessanten Männern. Sehr oft kam es auch zu einem persönlichen Treffen. Allerdings nur zu einem. Keiner der Männer vereinbarte eine weitere Verabredung. Plötzlich schienen sie alle zu beschäftigt zu sein oder beantworteten einfach ihre Nachrichten nicht mehr. Anna war verzweifelt und fragte sich, was mit den Männern ständig schieflief. War sie nicht hübsch genug? Oder waren einfach alle Männer, die im Internet nach einer Partnerin suchen, beziehungsunfähig?

Viele Frauen beziehen ihren mangelnden Erfolg bei Männern zuerst auf ihr Äußeres. Natürlich sind Männer im ersten Moment sehr aufs Aussehen fokussiert, mehr als wir Frauen. Doch das ist nur für den ersten Eindruck wichtig. Wenn er einmal zugestimmt hat, dich persönlich zu treffen, nachdem er deine Fotos gesehen hat, dann kannst du sicher davon ausgehen, dass ihm gefallen hat, was er gesehen hat. Der zweite Eindruck, den er bekommt (gleich nach dem optischen), ist, wie er sich mit dir fühlt. Welche Emotionen löst du bei ihm aus?

Also ließ ich Anna erzählen, wie die ersten Treffen bei ihr abliefen. Sie erzählte mir von ihrer letzten Verabredung mit

Hans, einem 40-jährigen Architekten, der seit einem Jahr geschieden war. Hans war optisch und charakterlich Annas Traummann. Er war gut aussehend, gepflegt und gebildet und außerdem auf der Suche nach einer festen Beziehung. In der Vergangenheit hatte er drei lange Beziehungen gehabt und gab von sich an, Treue und Familie als hohe Werte zu haben. Das gefiel Anna und nach einigen E-Mail-Nachrichten, die sich die beiden geschrieben hatten, vereinbarten sie das erste Treffen in einem schicken Innenstadtlokal.

Anna hatte sich hübsch gemacht und erschien pünktlich zur Verabredung. Hans war bereits im Restaurant und empfing sie sichtlich nervös, aber sehr höflich und respektvoll. Sie konnte an seinen Blicken ablesen, dass ihm wirklich gefiel, was er da sah. Anna war sich von Anfang an sicher, dass es dieses Mal passen würde. Sie fühlte sich sehr wohl mit ihm und hatte das Gefühl, sie könnte ihm voll und ganz vertrauen. Sie erzählte ihm von ihrem letzten Freund und wie schlecht dieser sie behandelt hatte. Hans hörte ihr aufmerksam zu und Anna war sich sicher, in Hans einen Seelenverwandten gefunden zu haben. Deshalb wurde sie immer offener und redseliger. Eine Stunde später wusste Hans über die letzten drei Exfreunde von Anna Bescheid und dass Annas Vater die Familie verlassen hatte, als Anna in der Grundschule war, und sie deshalb von sich dachte, ein Problem mit Männern zu haben, die ihrem Vater zu ähnlich waren.

Am Ende des Abends hat sich Hans freundlich und wertschätzend von Anna verabschiedet. Anna war auf Wolke sieben, es war ein wunderschöner Abend gewesen und sie fühlte sich verstanden. Am nächsten Tag kam keine Nachricht von Hans. Auch nicht am darauffolgenden Tag und auch nicht in der Woche danach. Annas E-Mail ließ er unbeantwortet, obwohl Anna sehen konnte, dass er das Onlineprofil noch nutzte.

Was war geschehen? Für Anna war das ein Rätsel, für mich war alles klar: Anna hatte mit ihren negativen Geschichten über andere Männer alles andere als gute Gefühle bei Hans erzeugt. Ganz im Gegenteil. Hans hatte einer Frau gegenübergesessen, die sich ausschließlich über Männer beschwert hatte, angefangen vom letzten Exfreund bis hin zum Vater. Da er selbst ein Mann ist und vielleicht auch Exfreundinnen hat, die über ihn Ähnliches gesagt haben könnten, hat er sich natürlich indirekt angegriffen gefühlt. Stell dir mal vor, du sprichst mit einem Mann, der kein gutes Haar an der Frauenwelt lässt. Wie würdest du dich fühlen? Außerdem will niemand, schon gar nicht beim ersten Treffen, Geschichten über seine Vorgänger hören.

Anna hat mit ihrer Vergangenheit noch nicht Frieden geschlossen. Wie viele andere Frauen auch, hat sie versucht, emotionale Verbindung über negative Erlebnisse aus der Vergangenheit zu schaffen. Sie hat Trost gesucht, während Hans auf der Suche nach einer Frau für eine erfüllende, glückliche Beziehung war.

Negative, traurige Geschichten aus der Vergangenheit haben bei einem ersten Treffen nichts verloren. Diese Themen können mit Freundinnen oder mit einem Coach besprochen werden, aber wenn du auf der Suche bist nach einer neuen Beziehung, dann lass die Vergangenheit ruhen. Menschen erinnern sich nicht nur an den optischen ersten Eindruck, den man hinterlässt, sie erinnern sich noch viel mehr an die Emotionen, die das Treffen bei ihnen ausgelöst hat. Anna hat bei Hans Trauer und Frust abgeladen, anstatt Freude und Spannung zu erzeugen.

Was aber, wenn du wirklich noch nicht über deine Vergangenheit hinweg bist und häufig über deine letzten Beziehungen trauerst?

Schließe mit deiner Vergangenheit jetzt Frieden, damit du frei bist für eine schöne, glückliche Zukunft. Betreibe seelischen Frühjahrsputz und gib Altes, das du nicht mehr brauchst, wertschätzend und liebevoll weg. Die Vergangenheit kann man nicht mehr ändern, sie ist vorbei, doch du kannst jetzt beginnen, eine neue Zukunft zu erschaffen. Die folgende Übung hilft dir dabei.

Kleiner Tipp: Männer lieben Frauen, die freundlich über andere Männer sprechen.

Wer mit Verständnis, Wertschätzung und Respekt über andere Menschen denkt und spricht, dem wird dieses Verhalten auch entgegengebracht werden. Das geht manchmal leichter und manchmal weniger leicht.

Übung 3: Mit der Vergangenheit Frieden schließen

Du brauchst für diese Übung etwa 15 Minuten Zeit an einem ruhigen Ort. Setz dich bequem hin und entspanne deine Atmung. Stell dir nun deine Zeitlinie vor: Sie beginnt bei deiner Geburt, läuft durch die Gegenwart weiter in die Zukunft bis zum Ende deines Lebens. Wo verläuft deine Zeitlinie? Ist sie gerade, gebogen oder spiralförmig? Geht sie durch dich hindurch oder an dir vorbei? Bei jedem Menschen sieht sie anders aus. Merke dir den Verlauf deiner Zeitlinie für weitere Übungen.

Jetzt blicke innerlich zurück in deine Vergangenheit. Welche wichtigen Männer gab es da?

Der erste war dein Vater. Wer kam danach?

Wenn dir zusätzlich zu den Männern aus Übung 2 noch weitere einfallen, dann setze auch sie auf deine Liste.

Nun gehe mit jedem dieser Männer – beginnend in der Vergangenheit bei deinem Vater – die folgende Sequenz durch (wenn möglich, sprich es laut aus):

Lieber ...,

Ich bedaure ...

Ich danke ...

Ich bewahre ...

Ich wünsche ...

Wenn du damit fertig bist, erinnere dich an die Person in einem Moment, in dem es ihr sehr gut ging. (Wenn dir kein solcher Moment einfällt, dann erschaffe in deiner Vorstellung einen, das kann man immer!)

Aus unseren Erfahrungen lernen wir. Jedes Erlebnis, auch wenn es uns damals sehr herausgefordert oder belastet hat, kann für irgendetwas gut sein. Das ist nur eine Frage des Blickwinkels. Siehe deine vergangenen Beziehungen als Vorbereitung auf deinen „Mr. Big“. Du kannst jetzt gestärkt und zuversichtlich in deine Zukunft blicken, denn du hast schon einiges gelernt.

Wenn du dieses Buch fertig gelesen hast, kannst du haben, wen du willst! Das meine ich absolut ernst, ich habe die Techniken mehrfach selbst getestet und meine Klientinnen haben außergewöhnliche Erfahrungen damit gemacht.

Ganz egal, ob es der italienische Kellner ist, der neue Arbeitskollege oder der junge Selfmade-Millionär aus Spanien: Mit guter Vorbereitung, der richtigen Strategie und einer großen Portion Geduld gehört er Dir.

Aber zuallererst musst du wissen, wen du haben willst!

Keine Sorge, du brauchst dich nicht auf einen bestimmten Mann festzulegen, ganz im Gegenteil. Gerade in der Anfangsphase gilt es, so viele potenzielle Prinzen wie möglich zu daten. Nur über eines solltest du dir im Klaren sein: Wie soll er sein?

Erkenne deine Muster und vermeide typische Fehler

Das Muster

Hast du dich schon einmal gefragt, warum ausgerechnet du immer auf diesen bestimmten Typ Mann triffst? Warum jeder, mit dem du eine längere Beziehung eingehst, sich als Muttersöhnchen entpuppt? Oder warum jeder Mann, in den du dich verliebst, verheiratet ist?

Waren deine letzten Exfreunde allesamt faul und langweilig? Oder waren sie „Bad Boys", die dich belogen oder betrogen haben? Wenn ja, dann voilà, hier hast du dein Muster entdeckt.

Es gibt natürlich eindeutige Gründe dafür, warum uns ein bestimmter Typus Mann so reizt. Es kann sein, dass du immer wieder auf den „Bad Boy" hereinfällst: Er ist arrogant, unfreundlich und untreu – aber er ist wild und leidenschaftlich, dadurch weckt er deinen weiblichen Jagdtrieb. Du denkst, du könntest ihn zähmen. Er erzählt dir vielleicht ganz stolz, dass er niemals einer Frau treu war und alle Frauen haben kann, doch du blendest dein inneres Warnsignal einfach aus und redest dir ein, dass er auch nur eine getriebene Seele ist, die verzweifelt nach wahrer Liebe sucht. So verzweifelt wie du in diesem Moment? Nein, leider nicht. Gibt es die Frau, die ihn zähmen wird? Vielleicht.

Wahrscheinlich aber erst dann, wenn er bereits ein im Rollstuhl sitzender Pflegefall ist ….

Du willst es trotzdem versuchen? Er wird dir wehtun und das weißt du auch. Du kannst mit ihm Spaß haben, wilde Partys feiern und außergewöhnliche Erfahrungen machen, aber er wird nicht für dich da sein, wenn du Unterstützung oder Zuspruch brauchst. Er wird nicht mit dir gemeinsam ein schönes Zuhause einrichten und er wird dir niemals treu sein.

In den Zeiten, in denen du keine feste Beziehung suchst, kann es durchaus unterhaltsam sein, mit dem „Bad Boy" ein wenig Zeit zu verbringen. Wenn du aber zu diesen Frauen gehörst, die immer wieder an einen solchen Typ geraten und emotional zerstört zurückbleiben, dann sei vorsichtig! Hier erkennst du dein unterbewusstes Muster! Wahrscheinlich ist dein primär gelebtes Muster das des „Opfers": Du brauchst es, immer wieder verletzt und ausgenutzt zu werden, um die Abwechslung und Bedeutung zu fühlen.

Möglicherweise bist du auch vom „Träumer" begeistert. Er hat hohe Ideale und großartige Visionen, setzt jedoch nichts davon im echten Leben um. Er träumt davon, die Welt zu verbessern, kann wunderbar argumentieren und baut die schönsten Luftschlösser. Sein Alltag sieht jedoch ganz anders aus. Entweder lebt er noch bei seinen Eltern oder ständig bei irgendwelchen Freunden zur Untermiete oder er besitzt ein kleines, schmuddeliges Appartement. Er hält keine Ausbildung durch und redet mehr von seinen Plänen, als dass er sie tatsächlich umsetzt. Wenn es aber darum geht, etwas Verrücktes zu tun, mit dem letzten Geld eine Indienreise zu buchen oder in der Lotterie zu spielen, dann ist er sofort dabei. Hauptsache, es kostet möglichst wenig Anstrengung und Eigeninitiative.

Er ist aufregend, nimmt dich mit auf seine Gedankenreisen und vermittelt den Eindruck der absoluten Leichtigkeit des Seins. Schön, wenn du mit ihm träumen kannst. Viel mehr als das wird es aber nicht werden.

Du möchtest ihn retten? Ihn bei der Verwirklichung seiner Träume unterstützen? Das ist sehr großzügig von dir. Vielleicht bist du ja bereits Millionärin, hast dir deinen Kinderwunsch schon erfüllt, alles in deinem Leben erreicht, was du dir erträumt hast und möchtest nun eine Mentorin für ihn sein? Dann passt er gut zu dir. Wünschst du dir jemanden, der mit dir gemeinsam ein Leben aufbaut, der dich fördert und unterstützt und mit dem du über dich hinauswachsen kannst, dann wird er wohl der Falsche für dich sein.

Dann ist deine primäre Rolle die der „Retterin“ und es ist wahrscheinlich dein Muster, jemanden bemuttern zu müssen, um dich gebraucht und geliebt zu fühlen.

Vielleicht ist es aber auch der „Nette“, auf den du immer wieder triffst. Er ist so zuvorkommend und lieb, dass du dich sofort mit und bei ihm wohlfühlst. Er ist absolut deiner Meinung und findet dich immer großartig. Seine Sanftheit und seine zärtlichen Berührungen tun dir gut und du genießt die Harmonie, die du mit ihm erlebst. Deine Mutter und deine Freundinnen mögen ihn und eure Beziehung geht eine Weile lang gut. So lange, bis er dich langweilt. Bis du es nicht mehr aushältst, dass er keine eigene Meinung hat und mit allem zufrieden ist. Sein kantenloser Charakter ödet dich nicht nur an, er regt dich sogar auf. Jede seiner typischen Bewegungen und Redewendungen bringen dich zur Weißglut. Du willst einen richtigen Mann, einen Tiger, du hast genug vom Kuscheln und möchtest wilde, hemmungslose Nächte verbringen. Er versteht das nicht und wundert sich, was plötzlich mit dir los ist. Das macht dich rasend und du beginnst ihn zu beleidigen und zu verletzen in der stillen Hoffnung, dass ihn das zum Mann macht. Tut es nicht. Leider. Er wird zum Opfer, und du bist die Böse.

Dies ist das Muster der „Täterin“, die versucht ihre Sicherheit durch Kontrolle zu gewinnen und mit einem ihr unterlegenen Gegenüber ihre eigene Unsicherheit verbirgt.

Viele Frauen machen für das Scheitern ihrer Beziehungen die Männer verantwortlich. Die Wahrheit aber ist: Du kannst niemandem die Schuld daran geben, er selbst zu sein, du bist aber selbst schuld, wenn du dich mit ihm triffst!

Wenn du in der Vergangenheit immer wieder den falschen Mann ausgewählt hast, dann ist es jetzt an der Zeit, dieses Muster zu ändern! Dazu musst du zuallererst genau wissen, wie dein Muster aussieht und nach welchem Schema du wählst.

Übung 4: Erkenne dein Muster

Beantworte die Fragen ehrlich. Welche der Antworten trifft am ehesten auf dich zu?

Du bist Single und mit deinen Freundinnen in einer schicken Bar. Ihr habt Spaß, unterhaltet euch gut, doch plötzlich siehst du deinen Exfreund mit einer anderen. Die beiden sind offensichtlich verliebt und turteln miteinander. Was möchtest du jetzt am liebsten tun?

a) Du kämpfst mit den Tränen und denkst dir insgeheim, dass du nie wieder richtig verliebt sein wirst. Du verschwindest auf die Toilette und lässt dich von deiner besten Freundin trösten.
b) Du siehst die beiden zuerst abfällig an, gehst dann zu ihnen hinüber und kippst ihr deinen Rotwein über die Bluse. Diese Schlampe hat es nicht anders verdient.
c) Du betrachtest die beiden abfällig und zählst dann deinen Freundinnen alle negativen Eigenschaften deines Ex auf – vor allem seine schlechten Qualitäten als Liebhaber.

Du bist mit deinem Freund zum Abendessen verabredet. Ihr habt den Tisch für 19 Uhr reserviert und du bist pünktlich da. Die Zeit vergeht, doch er kommt nicht. Es ist bereits 19.15 Uhr. Wie reagierst du?

a) Du machst dir Sorgen und zappelst nervös herum. Hoffentlich ist ihm nichts passiert!
b) Du bist sauer. Das ist wieder einmal typisch für ihn. Dir ist der Appetit schon vergangen.

Du überlegst dir, wie du ihn dafür bestrafen wirst und wie du ihm klar machst, dass man so etwas nicht machen darf. Innerlich gehst du das Gespräch bereits im Detail durch.

Es sind nun weitere 30 Minuten vergangen und du hast versucht, ihn telefonisch zu erreichen. Er geht aber nicht ans Telefon. Was denkst du dir?

a) Er ist bestimmt bei einer anderen und macht sich über mich lustig.
b) Er ist wirklich nicht fähig, pünktlich zu einem Termin zu erscheinen. Ohne mich schafft der gar nichts.
c) Er will mich jetzt dafür bestrafen, dass ich ihm letztens meine Meinung gesagt habe.

Nun ist es 20 Uhr. Er betritt das Restaurant und kommt lächelnd auf dich zu. Er begrüßt dich und will sich setzen. Was tust du?

a) Du beginnst zu weinen und erzählst ihm, wie sehr du dich gesorgt hast und dass du so oft in deinem Leben von anderen Menschen ausgenutzt wirst.
b) Du schreist ihn an, wirfst die Serviette hin und stürmst wütend aus dem Restaurant.
c) Du verschränkst die Arme vor der Brust und siehst ihn mit eiskaltem Blick schweigend an.

Die Mutter deines Freundes war bei euch zum Abendessen geladen. Die Stimmung war angespannt und die Mutter hatte ständig etwas auszusetzen. Als sie gegangen ist, setzt du dich mit einem Glas Wein mit deinem Partner zusammen. Was sagst du zu ihm?

a) Sie kann mich nicht leiden, ich habe es ganz genau gespürt. Ich habe mich den ganzen Abend so bemüht, es ihr recht zu machen, doch nichts hat ihr gepasst.
b) Kein Wunder, dass du so unfähig bist, Entscheidungen zu treffen! Diese Frau hat dich vollkommen unter Kontrolle!

Also, wenn ich eingeladen werde, dann kann ich mich auch benehmen. So ein Verhalten ist nicht akzeptabel, so etwas tut man nicht.

Zähle nun zusammen wie oft du a, b oder c ausgewählt hast.

Auflösung: Hast du am häufigsten a gewählt, dann bist du das Opfer, b ist die Täterin und c die Retterin.

Opfer, Täterin, Retterin – die drei Typen

Die Begriffe „Opfer“, „Täter“ und „Retter“ gehen aus der Transaktionsanalyse hervor. Dabei handelt es sich um eine psychologische Theorie der menschlichen Persönlichkeitsstruktur, die Mitte des 20. Jahrhunderts von dem amerikanischen Psychiater Eric Berne entwickelt wurde. Sie bietet unter anderem Modelle, die die Beschreibung von Konflikten zwischen Menschen aufgrund dieser drei Rollen „Opfer“, „Täter“, „Retter“ ermöglichen. Diese Modelle werden von vielen Psychotherapeuten genutzt, um dem Klienten dadurch Einblick in sein Verhaltensmuster zu gewähren und zu ermöglichen, eigene Rollen und die des Gegenübers zu erkennen. Dadurch können Konflikte frühzeitig bemerkt und abgewendet werden. Wir sind in unseren Mustern gefangen, wenn wir diese nicht wahrnehmen können. Erkennen wir sie, werden wir handlungsfähig und können unserem Partner mehr Wertschätzung entgegenbringen, da wir sehen, dass jeder Mensch aufgrund seiner Erfahrungen zu bestimmten Handlungen neigt, die nicht aus bösen Absichten entstehen, sondern aus den fehlenden besseren Möglichkeiten in diesem Moment.

Der amerikanische Psychiater, Arzt und Autor Thomas A. Harris geht in seinem Selbsthilfebuch „Ich bin o. k., du bist o. k.", das 1969 in den USA erschienen ist, genauer auf die unterschiedlichen Konfliktpositionen ein. Die Begriffe „Opfer", „Täter", „Retter" sind eine einfache Zusammenfassung seiner Theorie. Für jede dieser Rollen hat Harris eine passende Aussage definiert. Sein Ziel war es, den Menschen die Grundhaltung „Ich bin o. k. und du bist auch o. k." zu vermitteln, damit sie harmonischer miteinander umgehen und eine konstruktive Diskussionskultur pflegen, statt auf Drama zu setzen.

Das Opfer

Das „Opfer" ist defensiv. Am häufigsten empfindet es Angst oder Leere. Es hat das Gefühl der Machtlosigkeit und leidet unter seiner Umwelt. Sollten seine Versuche, sich an seine Umwelt anzupassen, scheitern, dann zieht es sich traurig zurück. Seine Körperhaltung ist defensiv: Die Schultern fallen nach vorne, der Kopf ist leicht gesenkt und die Stimme leise. Eine typische Aussage ist: „Mir geht es nicht gut, du weißt ja, XY hat mir das angetan."

Wenn das „Opfer" seine Umwelt als positiv erlebt, dann verwandelt es sich zur Diva. In dieser Rolle neigt es dazu, Stolz zu zeigen und anzugeben. Die Diva würde sagen: „Schau her, ich kann das ganz besonders gut" oder „Ich habe das alleine geschafft".

Diesem Archetyp liegt laut Thomas A. Harris die Grundeinstellung „Ich bin nicht o. k., du bist o. k." zugrunde.
In der Welt der Reichen und Schönen kann diese Haltung zum Beispiel bei Jennifer Aniston beobachtet werden.

Die Täterin

Die „Täterin" ist aggressiv. Am häufigsten empfindet sie Ärger oder Schuld. Sie sieht die Fehler der anderen und deren Unvermögen oder Versagen macht sie wütend. Wenn ihr jemand den Parkplatz wegschnappt, dann beschimpft sie ihn wüst. Andere fürchten ihre Wutausbrüche.
Ihre Körperhaltung ist ein nach vorne geneigter Oberkörper, ein gerader Kopf mit nach oben zeigendem Kinn, ihre Tonalität ist laut und fordernd.
Eine typische Aussage ist: „Du bist so ein A***, du hast keine Ahnung" oder „Du kannst aber auch gar nichts, deinetwegen schaffen wir das jetzt nicht mehr."
Wenn ihr ihre Umwelt als positiv erscheint, dann neigt sie dazu, cool und überheblich zu sein. Sie weiß, dass ohne sie gar nichts läuft und sie die Dinge in die Hand nehmen muss.
„Ich bin o. k., du bist nicht o. k." ist gemäß Thomas A. Harris ihre Grundhaltung.
Naomi Campbell ist das Paradebeispiel einer „Täterin".

Die Retterin

Die „Retterin“ ist aufopfernd. Am häufigsten empfindet sie Trauer oder Frustration. Sie ist sehr kritisch und deutet die Handlungsmotive anderer zwar gern, kann sie aber nur sehr schwer verstehen und akzeptieren. Wenn jemand ihre Hilfe braucht und etwas alleine nicht zu schaffen scheint, dann lässt sie ihre eigenen Bedürfnisse hinten angestellt und hilft mit vollem Einsatz. Ihre Körperhaltung ist asymmetrisch, der Kopf leicht zur Seite geneigt und ihre Tonalität nasal. Eine typische Aussage ist: „Ich mach das schon für dich“ oder „So kann man aber nicht mit dir umgehen, ich werde mit XY reden.“

Sie neigt dazu, zu nörgeln und erscheint anderen als maßregelnd. Wenn sie ihre Umwelt als positiv erlebt, nimmt sie gerne eine Mutterrolle ein. Es kann sein, dass sie darunter leidet, andere manchmal zu beneiden.

Laut Thomas A. Harris ist ihre unbewusste Grundhaltung: „Ich bin nicht o. k., du bist auch nicht o. k.“.

Angelina Jolie ist ein prominentes Beispiel einer Retterin.

Natürlich gibt es viele Frauen, die Mischtypen sind und je nach äußeren Umständen mal mehr zu dem einen oder mehr zu dem anderen Muster tendieren. Trotzdem lässt sich in jedem Lebensabschnitt ein bevorzugter Grundtypus erkennen.

Diese drei verschiedenen Dramatypen wurden in den 1960er-Jahren von dem Psychologen Stephen Karpman entwickelt. Sie werden auch die drei „Archetypen" genannt und man kann sie in jedem Konflikt beobachten. Es gibt keinen Streit ohne diese Positionen. Oft werden sie auch von einer Person nacheinander durchlaufen.

Übung 5: Die Umkehr des Dramas

Finde eine für dich typische Situation, die dich belastet (Beispiel: Als Opfer: Du wirst immer übergangen, du wirst häufig beleidigt, keiner versteht dich. Als Täter: Niemand hört auf dich, man will dich beleidigen, du wirst nicht respektiert. Als Retter: Du bist nicht damit einverstanden, wie sich andere verhalten, du fühlst dich ausgenutzt, du erwartest dir mehr Selbstständigkeit von jemandem).

Beschreibe diese Situation kurz.

Nun zur „Umkehrung":

Um sich befreien zu können, muss das Opfer zur Aktiven werden. Das heißt ganz konkret, es muss Handlungen setzen, selbst etwas tun.

Wenn du „Opfer" bist, dann frage dich: Was kann ich aktiv tun, um die oben genannte Situationen von vorneherein zu vermeiden? Was kann ich tun oder sagen, um in der Situation Frieden zu bewahren? Wie würde jemand anderer in dieser Situation handeln? Gibt es etwas, das ich von einer sehr starken, selbstbewussten Freundin in dieser Situation lernen könnte?

Wenn du „Täterin“ bist, dann frage dich: Worum geht es mir? Welche meiner Werte wurden verletzt? Welche Werte hat die andere Person? Wenn ich die Situation aus der Vogelperspektive betrachte, welche neuen Möglichkeiten kann ich sehen? Gibt es neue Ideen für den Umgang mit diesen Ereignissen, die mich und den anderen bereichern?

Wenn du „Retterin“ bist, dann frage dich: Wie fühle ich mich dabei? Welche Emotion taucht hier bei mir auf? Wo stehe ich? Was muss ich mit mir selbst klären und auflösen? Für wen ist diese Kritik eigentlich wirklich bestimmt? Gibt es Teile an mir, die ich noch nicht mag und die hier durch den anderen reflektiert werden? Wie kann ich mit mir selbst umgehen, damit sich solche Situationen ins Positive verwandeln?

Nun schreibe auf, wie deine oben beschriebene Problemsituation verlaufen würde, wenn du die auf dich passende Dramaumkehr anwendest: Woran liegt es, dass du eine dieser Ausprägungen am häufigsten erlebst und dadurch immer wieder an dieselben Männer gerätst?

Dieses Muster entsteht in deiner frühen Kindheit. Du lernst unterbewusst von deinem Umfeld, wie mit Konflikten umgegangen wird. Eltern oder Erzieher belohnen meist dieses bestimmte Verhalten, für das sie selbst belohnt wurden und das ihrem eigenen Wertesystem entspricht.

Nicole, eine meiner jüngsten Klientinnen, ist ein richtiger Feger. Sie sieht mit ihren langen blonden Haaren und ihrer ausgeflippten Kleidung einfach großartig aus. Auf den ersten Blick ist sie die Traumfrau aller jungen Männer. Was sie jedoch nicht hat, sind Selbstbewusstsein und Selbstliebe, sie

ist ein typisches „Opfer“. Daher ist es auch kein Wunder, dass sie nun seit zwei Jahren in einer Beziehung mit einem übergewichtigen, alkoholsüchtigen Arbeitslosen ist, der sie noch dazu immer wieder emotional erpresst.
Als ich sie fragte, ob sie nicht lieber einen Freund hätte, der sie unterstützt, zu ihr steht und respektvoll mit ihr umgeht, meinte sie: „Ja, eigentlich schon, aber solche Männer gibt es ganz selten und wenn, dann sind sie schon in Beziehungen.“
Nicole hat nicht nur ein schwach ausgeprägtes Selbstbewusstsein und ein verzerrtes Selbstbild, sie hat auch die irrtümliche Einstellung, dass es keine guten Männer gibt und sie sich deshalb mit dem, was sie bekommt, zufriedengeben muss. Im Laufe des Coachingverhältnisses hat sich herausgestellt, dass Nicole unterbewusst denkt, sie sei nicht gut genug. Diesen Gedanken haben viele Menschen, Frauen, wie auch Männer, unterbewusst. Sie sehen vielleicht jemanden, der ihren Partnerwünschen entspricht, trauen sich aber nicht auf diese Person zuzugehen, da ihr Inneres ihnen sofort sagt: „Ach, für den bist du nicht gut genug.“ Wenn du dir selbst manchmal denkst, du seist zu alt, zu dick, zu dünn, zu wenig gebildet, um mit einem bestimmten Mann in Kontakt zu treten, dann folgt dies auch aus dieser unterbewussten Meinung, nicht gut genug zu sein. Solche Einstellungen entstehen in der frühen Kindheit, vor allem, wenn man immer wieder zu hören bekommt, dass man MEHR von etwas sein müsste oder MEHR

von etwas tun müsste, um geliebt zu werden. Wenn Nicole von jemandem geliebt wird, dann hinterfragt sie natürlich sofort dessen Motive, denn da sie sich ja selbst für nicht gut genug hält, wie kann dann jemand anderer, noch dazu jemand, der so toll ist, sie gut finden. Deshalb wird sie diesem Mann misstrauen und sich wohlfühlen bei jemandem, der sie nicht gut behandelt, da dieser Mann ihrer unterbewusste, innere Haltung reflektiert.

Natürlich findet man mit einer solchen Einstellung zu sich selbst keinen tollen Mann. Männer spüren instinktiv, wenn eine Frau sich selbst nicht wertschätzt, und werden sie dementsprechend behandeln.

Nicoles destruktives Muster sich selbst gegenüber stammt aus ihrer Kindheit. Allerdings hat sie es damals eingesetzt, um von ihren Eltern Aufmerksamkeit zu bekommen. Und manche Eltern reagieren eben auf Hilflosigkeit am intensivsten.

Als Kinder haben wir alle einen Weg gesucht und gefunden, um unsere Eltern und Lehrer auf uns aufmerksam zu machen. Etwas, das meistens ganz harmlos angefangen hat, hat sich als fixes Muster entwickelt. Sobald man diese Muster erkennt und einem klar wird, dass sie einem jetzt nicht mehr dienlich sind, hat man sie auch schon zu einem Großteil verabschiedet. Veränderung geht schnell, wenn man das Gefühl hat, dass sie wirklich notwendig ist.

Übung 6: Schlüsselentscheidungen

Nimm dir 20 Minuten Zeit und denke in Ruhe über die folgenden Fragen nach. Notiere die Antworten in deinem Notizbuch.

- Welche Entscheidungen hast du in früher Kindheit getroffen, die dein weiteres Leben stark beeinflusst haben?
- Hast du beschlossen, nicht wie jemand anderer in deiner Familie zu werden?
- Hast du gegen einen Elternteil rebelliert?
- Wolltest du deinen Eltern gefallen?
- Wie hat dein Vater deine Mutter behandelt?
- Hat sie sich von ihm umsorgt und geehrt gefühlt?
- Hat sie sich sicher gefühlt? Oder zurückgestoßen und ängstlich? Oder war sie die Starke in der Familie?
- Was hast du darüber gelernt, wie Frauen von Männer behandelt werden sollen?
- Welche Entscheidungen hast du getroffen und wie haben dir diese in deinen Beziehungen gedient?
- Warst du zu den Menschen in deinem Leben hart?
- Oder warst du furchtsam und bedürftig?
- Ist es an der Zeit, neue Entscheidungen zu treffen für deine Zukunft und die Zukunft deiner Kinder?
- Wenn ja, welche?

Neue Entscheidungen kannst du jederzeit treffen. Du kannst dich entscheiden, dich selbst liebenswert zu finden, du kannst dich entscheiden, besser auf dich zu achten, gesünder zu leben und an der Verwirklichung deiner Träume zu arbeiten.

Schreibe dir deine neuen Entscheidungen auf und lies sie dir jeden Morgen nach dem Aufstehen durch.

Woher kommt das negative Selbstbild?

Niemand von uns wurde mit einem negativen Selbstbild oder negativen Glaubenssätzen geboren, sondern vollkommen rein und unschuldig, jeder einzigartig auf seine ganz besondere Art und Weise. Jeder gesunde Mensch bringt dieselben Grundvoraussetzungen mit. Am Anfang ist alles möglich, mit entsprechender Förderung und Unterstützung kann aus jedem Kind ein glücklicher, gesunder und erfolgreicher Erwachsener werden.
Babys und Kleinkinder durchlaufen in ihrer Entwicklung ganz unterschiedliche Phasen. Sie sind einmal schüchtern und ängstlich, dann abenteuerlustig und wild, mal aggressiv und zerstörerisch. Das ist vollkommen natürlich und Teil der Persönlichkeitsentwicklung. Leider neigen Eltern und Erzieher dazu, dem Kind bestimmte Eigenschaften zuzuschreiben. Hinzu kommt: Wenn Kinder noch klein sind, dann wird oft über sie in der dritten Person gesprochen, während sie anwesend sind. Dies wirkt auf das Unterbewusstsein wie ein hypnotischer Befehl:
Die kleine Nicole, drei Jahre alt, ist mit ihrer Mutter zu Besuch bei Bekannten. Nicole hat gerade eine schüchterne Phase, ist vielleicht unausgeschlafen und wäre lieber zu Hause geblieben. Sie fühlt sich an diesem Tag einfach nicht so wohl wie sonst. Sie betreten die Wohnung der Bekann-

ten, in der Nicole noch nie zuvor war. Nicole versteckt sich hinter den Beinen ihrer Mutter, als die stark geschminkte Freundin ihrer Mutter mit ihrem fremden Geruch sich zu ihr beugt und zur Begrüßung über den Kopf streicht. Nicoles Mutter erklärt ihrer Bekannten: „Meine Tochter ist schüchtern. Sie ist ein kleiner Angsthase und kommt schwer mit neuen Menschen in Kontakt." Nicole hört das und ihr Unterbewusstsein nimmt dies als absolute Wahrheit und speichert ein: Ich bin schüchtern und komme schwer mit anderen in Kontakt.

Im Laufe des Lebens summieren sich solche Aussagen dann zu „Ich bin …", „Ich bin nicht …", „Ich kann …" und „Ich kann nicht …".

Jemand, der über sich selbst ständig sagt, er könne nicht singen, der wird wahrscheinlich auch sehr selten bis gar nicht singen. Jemand, der nicht singt, trainiert seine Stimme nicht. Also wird er, wenn es darauf ankommt, auch keinen Ton treffen. Die Aussage „Ich kann nicht singen" bestätigt sich dann und wird (berechtigterweise) als absolute Wahrheit angenommen.

Die Realität ist aber: Selbst professionelle Sänger müssen ihre Stimme ständig trainieren, um gut singen zu können.

Niemand ist also einfach so, wie er sich gibt, sondern er hat sich irgendwann bewusst oder unbewusst dazu entschieden, so zu sein.

Ein gutes Beispiel dafür ist Alexandra. Sie fiel mir in einem meiner Seminare auf, da sie ganz besonders zuvorkommend und hilfsbereit mit den anderen Frauen umging. Ihr Augenmerk lag darauf, es allen rechtzumachen, und sie sorgte sich darum, dass sich alle wohlfühlten. Als sie dann bei einer Übung an der Reihe war von ihren Wünschen an den neuen Partner zu erzählen, da sagte sie: „Ach, mir ist das nicht so wichtig, wie er aussieht oder was er arbeitet. Hauptsache, es passt. Ich brauche nicht viel, ich bin auch zufrieden, wenn ich auf etwas verzichten muss. Ich bin ein bescheidener Mensch." Auf meine Frage, woher sie wisse, dass sie ein bescheidener Mensch sei, erzählte sie mir eine Geschichte aus ihrer Kindheit: „Ich war schon als Kind sehr bescheiden, ich habe mir nie etwas zu Weihnachten gewünscht. Auf meiner Wunschliste stand immer nur: ‚Ich wünsche mir, dass es allen gut geht und dass wir alle gesund sind.'"

Das sind sehr löbliche Wünsche finde ich, doch für ein Kind sehr ungewöhnlich. Gerade Kinder zeichnen sich doch durch ihren großen Hunger nach mehr aus, oder? Kinder wollen Unmengen von Süßigkeiten, alle neuen Puppen, ein tolles Fahrrad und das größte Bilderbuch im Spielzeugladen. Kinder wollen das alles, und zwar sofort. Jeder, der Kinder hat oder mit Kindern zu tun hat, kennt das. Kinder haben vollkommen unrealistische Erwartungen und Wünsche. Das ist auch gut so! Das ist doch das Schöne am Kindsein, man darf sich noch alles wünschen, alles vorstellen, alles erträumen, ohne durch die manchmal harte Realität gebremst zu werden. Als Erwachsener lernt man ohnehin, dass man zuerst arbeiten muss, um sich etwas kaufen zu können. Alexandra, ein Kind ohne Wünsche? Das erschien mir seltsam, deshalb fragte ich nach, wann sie sich denn dazu entschlossen hatte, so bescheiden zu sein.

Nach kurzem Nachdenken erzählt sie: „Meine Schwester ist vier Jahre jünger als ich. Ich erinnere mich an eine Situation, da war ich ungefähr acht Jahre alt und wir waren mit meiner Mutter einkaufen. Meine Mutter war gestresst und müde, doch meine kleine Schwester benahm sich fürchterlich. Sie zeigte ständig auf Sachen, die sie haben wollte, und forderte unaufhörlich. Ich sah, wie meine Mutter verzweifelt versuchte, meiner Schwester zu erklären, dass wir uns das alles nicht leisten konnten und dass sie sich nicht so viel wünschen sollte. Meine Schwester hörte nicht auf zu quengeln und ich wurde wütend auf sie, da sie unsere Mutter so überforderte. Also sagte ich mir selbst, ‚Ich bin bescheiden, ich mache es meiner Mama leicht.' Ab diesem Tag habe ich aufgehört, mir etwas zu wünschen oder etwas zu fordern. Ich gab mich zufrieden mit dem, was da war, und meine Mutter war immer sehr stolz auf mich."

Alexandra hatte den Kern ihres Verhaltens erkannt. Sie war nicht von Geburt an einfach bescheiden gewesen, sie hatte im Alter von acht Jahren die Entscheidung getroffen, bescheiden zu sein, um ihrer Mutter das Leben zu erleichtern. Diese Entscheidung war sinnvoll für diesen Moment im Supermarkt, jedoch verheerend für ihr weiteres Leben, denn dadurch hatte sie sich selbst von ihren Wünschen abgeschnitten und die Möglichkeit verwehrt, wirklich glücklich zu werden. Sie nahm den Job, den man ihr angeboten hatte, den ersten Mann, der sich für sie interessiert hatte, und sie gab sich einfach zufrieden mit dem, was war. Innerlich war sie alles andere als zufrieden, sie war verzweifelt, da ein Teil in ihr das Wünschen nicht aufgegeben hatte. Deshalb war sie auch hier, sie wünschte sich endlich einen liebevollen, tollen Partner.

Mit der Erkenntnis dieser Entscheidung, die sie getroffen hatte, wurde ihr auch bewusst, dass sie gar nicht einfach so bescheiden war. Sie erkannte, dass sie die getroffen hatte, um Liebe zu bekommen. Diese Strategie hatte funktioniert, und deshalb hatte sie auch daran festgehalten, bescheiden zu sein. Alexandra fand ihren Ausweg, indem sie begann, zu ihren Wünschen zu stehen. Die restliche Zeit im Seminar übte sie sich darin zu sagen, was sie gerne hätte. Es war wunderschön, sie dabei zu beobachten, wie sie sich erlaubte, auch etwas haben zu wollen. Angefangen bei einem Stück Kuchen in der Pause bis hin zu dem Traummann, den sie sich vorstellte. Alexandra hatte sich durch das Erkennen dieses einschränkenden Satzes „Ich bin bescheiden" befreit.

Monate später hat sie mir einen lieben Brief geschrieben und von ihren Fortschritten berichtet: Sie hat endlich auf ihre Wünsche gehört, den langweiligen Bürojob gekündigt und eine Möglichkeit gefunden, sich die Ausbildung zur Innenarchitektin finanzieren zu lassen, und schon das erste Modul absolviert. Sie fühlt sich besser als je zuvor und strahlt das auch auf Männer aus. Seit sie ihre Wünsche kommuniziert, werden auch, wie von Zauberhand, viele davon erfüllt. Der Mann, den sie jetzt regelmäßig trifft, hat ihr ein wunderschönes Kompliment gemacht: „Es ist so schön, endlich eine Frau zu haben, die weiß, was sie will."

Wie geht es dir damit? Bist du auch bescheiden? Oder sagst du über dich, dass du ein fauler Mensch bist? Oder bist du eine Frau, die denkt, sie kann nicht tanzen? Was auch immer du bisher über dich gedacht hast, nimm die nächste Übung als Chance, die Aussagen zu verändern, die dir in deinem jetzigen Leben nicht mehr dienen. Du hast jetzt neue Ziele und willst deine Träume verwirklichen. Wenn das nicht so wäre, würdest du dieses Buch nicht in den Händen halten. Beginne damit, die alten Einstellungen gehen zu lassen und frage dich, woher du sie hattest.

Was sind die Dinge, die du über dich sagst? Was davon behindert dich beim Erreichen deiner Ziele?

Positive, glückliche Menschen beschäftigen sich viel mehr mit den Dingen in ihrem Leben, die gut laufen und für die sie dankbar sind, als mit ihren Schwächen und Fehlern. Konzentriere dich auf all das, was bereits gut läuft. Für welche Menschen in deinem Leben bist du dankbar? Wer liebt dich und wen liebst du? Wer ist immer für dich da, ohne dafür eine Gegenleistung zu verlangen?

Übung 7: Was glaubst du eigentlich, wer du bist?

Mache vier Spalten mit den folgenden Überschriften auf einer Seite deines Notizbuches:
Ich kann/Ich kann nicht/Ich bin/Ich bin nicht

Finde für jede Kategorie mindestens zehn Beispiele – ganz egal, ob positive oder negative.

Danach stelle dir zu jedem einzelnen Punkt die Frage: „Wer sagt das?“

- Die Eltern
- Eine bestimmte Person (Exfreund, beste Freundin, Arbeitskollegin ...)
- Ich selbst
- Weiß ich nicht, ist einfach in meinen Gedanken

Notiere dir zu jedem deiner Glaubenssätze, woher du dies über dich weißt.

Welche dieser Aussagen über dich möchtest du behalten und welche nicht? Welche Einstellung dient dir und deinem Glück und welche behindert dich am Vorankommen?

Jedes Mal wenn dir ab jetzt eine negative Aussage über dich selbst durch den Kopf geht, dann höre einmal genau hin: Woher kommt diese Stimme und wie klingt sie? Spricht sie schnell oder langsam? Jetzt verändere sie einfach, lass sie peinlich und albern klingen – vielleicht wie Donald Duck oder Mickey Maus. Höre dir diese Stimme (und damit die negative Aussage über dich) nun nur noch so an. Merkst du, wie unterschiedlich du dich nun fühlst. Ist es nicht fantastisch, wie leicht sich das negative Denken ausschalten lässt, wenn man Abstand nimmt und sich selbst aus einer anderen Position sehen kann?

Übung 8: Umkehrung der negativen Aussagen

Markiere dir die fünf negativen Aussagen über dich, die dich am meisten belasten. Jetzt spiele damit: Verändere die Tonalität, sprich sie laut mit einer quietschigen Mickey-Maus-Stimme aus. Sag sie mit einem Tonfall, dem man einfach nicht glauben kann, der übertrieben ist. Erinnere dich an eine Situation, in der dir jemand ein große, sehr dumme Lüge erzählt hat. In etwa so etwas wie: „Vom Küssen bekommt man Kinder“ … etwas, das so albern war, dass du dir gar nicht vorstellen kannst, wie man so etwas sagen kann. Und jetzt leg dieser Person, die dir diesen Blödsinn erzählt hat, auch die negativen Aussagen über dich in den Mund und lass sie diese in einem Atemzug mit der dummen Lüge nennen.

Schüttle deinen Kopf und sag dir: *So ein Quatsch!*

Schreib dir nun alle positiven Aussagen über dich auf, die dir am besten gefallen. Denke an einen Menschen, den du sehr ernst nimmst und zu dem du großes Vertrauen hast. Es kann auch eine Person aus der Geschichte oder aus dem Fernsehen sein. Siehe diesen Menschen vor dir stehen und höre ihn mit eindrucksvoll lauter Stimme diese positiven Dinge über dich sagen. Nimm wahr, wie gut du dich dabei fühlst!

Du kannst die Liste der positiven Eigenschaften jederzeit erweitern!

Nun hast du schon einiges über dich erfahren. Hast du alle Übungen bisher gemacht? Wenn nicht, dann nimm dir noch die Zeit, bevor du weiterliest, denn jetzt geht es um dein Verhalten bei Männern und deine Wirkung auf sie.
Die intensive Beschäftigung mit sich selbst und das Auflösen der alten Muster sowie der negativen inneren Aussagen ist ein sehr wichtiger Teil, denn wenn du dich innerlich nicht befreist, dann nützen dir auch die besten Flirttipps nicht viel, da du unter Stress automatisch in alte Muster zurückfallen wirst. Nimm dir ausreichend Zeit für dich, für deine Entwicklung, denn das ist das Fundament, auf dem du dein Haus baust. Umso fester es ist, umso leichter wird es dir fallen, darauf aufzubauen und umso stabiler wird dein Haus sein. Männer merken es, wenn dein Verhalten gekünstelt oder aufgesetzt wirkt – und auf Dauer kannst du und willst du keine Maske tragen. Du willst geliebt werden, für das, was du bist, und das hast du absolut verdient.
Wenn du soweit bist und jetzt sagen kannst: Ja, ich bin es absolut wert, den besten Mann an meiner Seite zu haben, den es gibt, und ich werde nicht eher ruhen, bis ich ihn gefunden habe – dann bist du bereit für die nächste Runde!
Es gibt typische Fehler, die die meisten Frauen in der Anfangsphase machen. Jetzt lernst du sie zu erkennen und in Zukunft zu vermeiden. Du wirst staunen, denn manchmal wirst du dich selbst wiederfinden. Keine Sorge, Gefahr erkannt – Gefahr gebannt. Also, auf geht's!

Der Mensch ist ein Gewohnheitstier

Kannst du dir vorstellen, dass sich ein und derselbe Mann bei einer anderen Frau komplett gegensätzlich verhält?
Hast du dich schon einmal darüber gewundert, warum der Typ, der dir erklärt hat, dass er beziehungsunfähig ist, ein Jahr später heiratet und Vater wird?
In den seltensten Fällen hat er in diesem Jahr die große Transformation durchgemacht, hatte eine Erleuchtung in einem buddhistischen Kloster oder war zweimal wöchentlich beim Psychiater, um seine Vergangenheit zu verarbeiten. Niemals! Seine Neue wusste bloß, wie sie ihn bei der Stange halten konnte. Sie wusste, wie sie ihn dazu bringen kann, dass er sie will und nicht umgekehrt.
Stell dir mal vor, du bist ein Topmodel. Du bist attraktiv, erfolgreich und selbstbewusst. Du triffst deinen Traummann. Würdest du dich für ihn verändern? Würde das Topmodel zehnmal am Tag bei ihm anrufen? Würde es unruhig wartend und auf sein Telefon starrend im Café sitzen und jede seiner Aussagen mit ihren Freundinnen analysieren?
Nein! Das würde es nicht! Und das ist auch der Grund, warum ein Typ Frau wie sie so begehrt ist.
Du bist kein Topmodel? Ich auch nicht. Weltweit gibt es nur wenige Frauen, die absolut perfekt aussehen. Aber das ist auch nicht wichtig.
In Zeiten der plastischen Chirurgie lassen sich viele Frauen operieren, um einem bestimmten Schönheitsideal zu ent-

sprechen. Jede will die perfekte Nase, den perfekten Busen, einen tollen Po und super gepflegtes Haar. Und weißt du was? Selten sieht man eine so perfekt gemachte Frau, die auch wirklich Ausstrahlung hat. Die meisten sind genauso unsicher, wie sie es vor ihrer OP waren, und versuchen dies, mit Arroganz zu überspielen.

Ich konnte das bei meinem Urlaub in Miami gut beobachten. Miami ist die Hochburg der plastischen Chirurgie und der Oberflächlichkeit. Ich war von perfekten Frauen umgeben. Da ich nicht darauf aus war, dort meinen Traummann zu treffen, verbrachte ich einen entspannten, genussreichen Urlaub. Zu meiner Überraschung liefen mir die Männer sogar auf der Straße hinterher, um meine Telefonnummer zu bekommen. Man hielt mich, trotz meiner großen, spitzen Nase, für ein italienisches Model. Ich bekam von vielen Männern, denen ich begegnete, Komplimente.

Warum war es so einfach? Warum kam ich so gut an? Es lag nicht an meinem Aussehen, denn viele Frauen dort waren schöner und perfekter als ich – es lag an meiner Natürlichkeit, meiner Ausstrahlung und meiner selbstbewussten Offenheit.

Ich war jedem gegenüber freundlich. Ich interessierte mich für die Geschichten der Menschen, die ich traf, und erzählte ihnen von meinen Träumen. Ich hatte nicht vor, dort die große Liebe zu finden, und deshalb war ich absolut entspannt, wenn ich auf einen gut aussehenden Mann traf. Meine Körperhaltung signalisierte Selbstbewusstsein und Leichtigkeit. Ich fühlte mich einfach wohl, genau so wie ich war.

Viele Frauen kennen das: Kaum ist man von zu Hause weg, lässt den Alltagstrott zurück und genießt einfach das Leben, kann man sich vor Verehrern kaum retten. Warum also ist das, was im Urlaub so leicht erscheint, zu Hause im Alltag oft so schwer?

Die Antwort ist: Es liegt wieder an deinen Mustern! Zu Hause hast du einen fixen Tagesablauf, du hast den immer gleichen Weg zur Arbeit, deine immer gleichen Kollegen, Freunde und deine Familie. Und jeder Mensch, mit dem du zu tun hast, entwickelt ein Bild darüber, wer und was du bist.

Es ist nicht so einfach sich zu verändern, wenn deine Umwelt ein fixes Bild von dir hat. Karina, eine Teilnehmerin eines meiner Seminare, berichtete, dass sie nach dem Workshop-Wochenende mit mir freudestrahlend und voller Selbstbewusstsein nach Hause gekommen ist. Begeistert hat sie ihrer Mitbewohnerin von den Erfahrungen beim Workshop berichtet und auch von den ersten Erfolgen beim Flirten. Ihre Mitbewohnerin meinte nur abfällig: „Ja, jetzt hast du wieder so ein Seminar gemacht und bist gut drauf. Aber spätestens, wenn dich der nächste Mann sitzen lässt, dann heulst du wieder. So leicht ist das nun auch wieder nicht, wie du jetzt sagst!“ Karina war schockiert und enttäuscht davon, dass ihre Freundin sich nicht mit ihr freute, und sie begann zu zweifeln: Was, wenn es wirklich wieder schwierig wird oder das Selbstbewusstsein nicht anhält?

Bei unserem nächsten Treffen, wir nennen es „Pandoras inneren Zirkel", bei dem wir einmal im Monat zusammenkommen, um bei einem Glas Prosecco die unterschiedlichen Erfahrungen zu besprechen, erzählte Karina von ihrer zweiflerischen Freundin. Oft ist es so, dass Menschen, wenn sie selbst keinen Ausweg sehen, auch nicht daran glauben, dass es andere schaffen können. Würden sie das tun, dann müssten sie ja damit zugeben, dass es eine Lösung gibt, die sie selbst noch nicht kennen. Das Unterbewusstsein ist trickreich, es arbeitet immer zu deinem Besten mit den ihm zurzeit zur Verfügung stehenden Strategien. Würde die Freundin zugeben, dass Karina es schaffen kann, dann müsste auch sie ihre Verhaltensweisen überdenken und verändern. Genau das mag das Unterbewusstsein eigentlich nicht, da es lieber gewohnten Bahnen folgt, auch wenn diese nicht die Resultate liefern, die man sich wünscht. Veränderung bedeutet, die Komfortzone zu verlassen, aktiv zu flirten ist aufregend und die Angst, dann zu versagen, hält manche davon ab, es überhaupt zu probieren. Was aber wäre, wenn du wüsstest, dass du damit erfolgreich sein wirst? Was wäre, wenn jetzt schon ein Jahr vergangen wäre und du bereits eine erfolgreiche, selbstbewusste Frau bist, die jeden Mann bekommt, den sie will? Wäre dieses Ziel es nicht wert, heute zu beginnen, etwas anders zu machen?

Karina war sich sicher, dass ihre Mitbewohnerin Angst davor hatte, sie zu verlieren. Wenn Karina jetzt ihren Traummann kennenlernen würde, dann würde sie vielleicht ausziehen und hätte weniger Kontakt zu ihrer Freundin. Die Freundin hat nicht aus Eigennutz gehandelt, sondern aus Liebe. Denk daran, wenn jemand versucht, dich in deiner Entwicklung aufzuhalten. Die Motivation dahinter ist eigentlich die Angst der Menschen, plötzlich alleine oder nicht mehr gut genug für dich zu sein. Die Lösung ist: Teile dein Wissen und deine Erfahrungen mit den Menschen, die dir wichtig sind, und unterstütze sie dabei, genauso viel Spaß und Erfolg zu haben wie du! Führe die Übungen in diesem Buch gemeinsam mit deiner Freundin durch. Trefft euch regelmäßig in eurer Mädelrunde und, anstatt über Enttäuschung zu reden, plant euren Erfolg, tauscht euch aus und freut euch am tollen Feedback der Männer!

Alte Bilder erneuern

Ich war in der Schulzeit sehr schüchtern und hatte fürchterliche Angst vor Referaten. Ich tat alles, um zu vermeiden, dass ich vor der Klasse vortragen musste. Schweißausbrüche und zitternde Hände bereits eine Stunde davor waren für mich die Regel. Dann habe ich gelernt, sicher und entspannt vorzutragen. Heute spreche ich vor Hunderten von Menschen, im Fernsehen oder im Radio und bin dabei vollkommen entspannt. Ich habe es eben gelernt. Als ich meine ehemalige Schulfreundin Eva nach vielen Jahren zum ersten Mal wiedersah, wollte sie nicht glauben, was aus mir geworden war. Sie hat sich nicht für mich gefreut, sondern daran gezweifelt, dass ich mich wirklich so verändert hatte. Im ersten Moment fühlte ich mich dadurch verletzt, da ich gehofft hatte, sie würde es genau so toll finden wie ich. Bis mir klar wurde, dass sie einfach unterbewusst Angst davor hatte, anerkennen zu müssen, wie sehr Veränderung möglich ist. Nachdem sie mich dann einmal bei einem Flirtseminar erlebt hatte, war sie begeistert und hat nun ein neues Bild von mir.

Kennst du das? Du triffst alte Freunde aus der Schulzeit, ihr habt euch schon seit Jahren nicht mehr gesehen, du hast dich in der Zwischenzeit vollständig verändert, und niemand bemerkt es? Sie behandeln dich weiter so, wie sie dich damals behandelt haben, weil ihr inneres Bild über dich fest und starr ist. Deine Entwicklung wird anfangs nicht bemerkt und du hast vielleicht das Gefühl, dich beweisen zu müssen. Lass dieses Gefühl gehen und bleibe dir selbst treu. Vor allem erinnere dich daran, dass die Motive deiner Freunde gut sind und sie nur aus Liebe und Angst handeln.

Oder du warst als Kind faul und hast deshalb in deiner Familie immer noch den Ruf, die Faule zu sein, obwohl du es schon lange nicht mehr bist?

Gerade wenn die Eltern uns nichts zutrauen, tut es manchmal weh. Du bist schon längst eine erwachsene, selbstbewusste Frau, doch deine Mutter denkt immer noch, sie müsste dir erklären, wie man sein Leben organisiert. Oder dein Vater traut dir nicht zu, dass du selbstständige Entscheidungen treffen kannst. Lächle darüber und erinnere dich daran, dass du für sie immer Kind sein wirst und dass sie auch gebraucht werden wollen. Vielleicht gibt es ja doch irgendetwas, wobei du ihren Rat oder ihre Unterstützung brauchen kannst.

Diese Aufzählung lässt sich beliebig lang fortsetzen. Natürlich ist es anfangs nicht leicht, sich in einem fixen Umfeld zu verändern und diese Veränderung auch zu halten, aber wenn du wirklich etwas in deinem Leben verbessern, wenn du dein Schicksal selbst in die Hand nehmen willst, wenn du genug davon hast, von Männern enttäuscht zu werden, dann musst du deine Komfortzone verlassen und etwas Neues wagen!

Wir Menschen sind, wie gesagt, Gewohnheitstiere und es fällt den meisten schwer, ein Verhalten zu ändern, selbst wenn es uns nicht gut tut. Wer sich an seinen morgendlichen Kaffee gewöhnt hat, der will nicht ohne auskommen. Wer jeden Abend mit Chips und Schokolade vor dem Fernseher sitzt, muss sich anfangs überwinden, um diese Angewohnheit zu verändern. Wenn es um Ernährung, Süchte oder Bewegung geht, dann wissen wir alle, was für uns gut und richtig ist und was wir besser bleiben lassen sollten. Bei der Partnersuche ist den wenigsten Frauen klar, was richtig ist und was nicht. Wir sind verwirrt von den verschiedenen Tipps unserer Freundinnen oder aus Frauenzeitschriften, denn jeder sagt etwas anderes.

Woher weißt du, was bei deinem Traummann nun funktioniert und was nicht? Spätestens wenn du Feedback erhältst und er dich nicht mehr anruft, weißt du es. Wenn du es schon davor weißt, ersparst du dir so manche peinliche oder enttäuschende Situation.
Angenommen du würdest am Computer einen Brief verfassen und dann ausdrucken. Beim Ausdruck erkennst du, dass du einen Tippfehler gemacht hast. Jetzt nimmst du Tipp-Ex und besserst den Fehler auf dem Ausdruck aus. Dann gehst du zurück zum Computer und druckst noch einmal aus. Du bist ganz überrascht, denn der Fehler ist immer noch da. Also nimmst du wieder dein Tipp-Ex und besserst ihn aus. Du druckst den Brief wieder aus und siehe da: Der Fehler ist immer noch da. Jetzt liest du alles, was du finden kannst über das Ausbessern von Tippfehlern, du befragst deine Freundinnen und probierst alles erdenklich Mögliche, um den Fehler vom Papier zu löschen. Doch bei jedem erneuten Ausdrucken ist er wieder da.
Das würdest du nie tun, oder? Du würdest das Dokument einfach am Computer ausbessern und dann neu ausdrucken, stimmt's? Beim Flirten aber ist es nicht so einfach. Wir erhalten immer wieder dieselben Resultate und versuchen krampfhaft, die Resultate zu ändern. Alter Mann, anrufen, sich bemühen – neuer Mann, noch öfter anrufen, mehr dahinter sein oder sich mehr bemühen: Und doch, egal was du tust, egal was du anziehst, egal was du sagst, es kommt immer wieder derselbe Tippfehler heraus. Ändere

dein Dokument! Ändere deine innere Haltung! Nur dann kannst du mit anderen Resultaten rechnen. Viele Frauen machen immer wieder dieselben Fehler. Gedanken schaffen Emotionen. Emotionen führen zu Handlungen. Handlungen erzeugen Resultate. Ist das Resultat nicht zufriedenstellend, dann musst du von vorne beginnen: bei deinen Gedanken.

Der erste Schritt zur Veränderung ist die Erkenntnis. Wenn du weißt, was dein Fehler war, dann wird es leichter, neue Strategien auszuprobieren. Deshalb werden wir nun zuerst die zehn häufigsten Fehler, die Frauen beim Flirten machen, besprechen. Nur wenn du diese Fehler nicht mehr machst, bist du bereit für die richtige Flirtstrategie! Keine Sorge: Jede von uns hat diese Fehler schon mehrmals gemacht und jede Frau, die ich kenne, die bei meinen Seminaren oder beim Coaching war oder dieses Buch bereits gelesen hat, macht sie nun nicht mehr. Erkenntnis ist der erste Schritt – und dann geht's los!

Die zehn häufigsten Fehler beim Flirten

1. Du zeigst schon im Anfangsstadium zu viel Emotion

Wir Frauen sind nun einmal sehr emotionale Wesen. Unsere Bandbreite an Gefühlen ist groß: Wir können zwischen fröh-

lich, glücklich, beschwingt, verliebt, begeistert und aufgeregt unterscheiden. Männer können das nicht. Sie fühlen sich entweder gut oder schlecht. Sie haben Interesse an dir oder eben nicht. Vor allem in der Anfangsphase des Kennenlernens sind Männer, die bereits Erfahrung haben, viel nüchterner als Frauen. Frauen können sehr schnell Gefühle für ihn entwickeln und denken dann, wenn sie ihm preisgeben, was sie fühlen, dann fühlt er sich sicherer und traut sich auch, seine Emotionen zuzugeben.
Irrtum! Wenn du ihm zu früh sagst, dass du etwas für ihn empfindest, dann bekommt er es mit der Angst zu tun. Du wirkst dadurch bedürftig und schwach, denn da er viel länger braucht, um sich so richtig in dich zu verlieben, traut er dir dann nicht. Er wundert sich darüber, warum es bei dir so schnell geht, und stempelt dich als liebesbedürftig ab.
Da er aber nicht für deine Gefühle verantwortlich sein will und wahrscheinlich schon aus vergangenen Erfahrungen weiß, wie anstrengend eine zu emotionale Frau sein kann, sucht er lieber das Weite.
Also Vorsicht! Die Faustregel ist: Solange er nicht über seine Gefühle zu dir spricht, tust du es besser auch nicht! Lass ihn beginnen! Wenn du über Liebe mit ihm reden möchtest, dann sprich über deine Gefühle zu anderen Menschen. Das zeigt ihm auch, dass du lieben kannst.

2. Du bist zu leicht zu haben

Er gefällt dir sehr gut, du hast von Anfang an ein gutes Gefühl bei ihm gehabt und bist dir sicher, dass du ihn willst. Er fragt dich, ob du Zeit hast, und du antwortest wie aus der Pistole geschossen: „Ja! Natürlich!" Er fragt dich, wann du ihn treffen willst und du sagst freudestrahlend: „Egal! Immer! Wann du willst!"

Wenn du ihm noch dazu tief in die Augen siehst, dann weiß er, er kann dich haben. Sofort.

Du tust dies möglicherweise wirklich nur bei ihm, weil er der Eine, der Besondere für dich ist. Er aber denkt sich, dass du leicht zu haben bist und dich jedem Gegenüber so verhältst. Im schlechtesten Fall könnten seine Freunde eure Szene beobachtet haben und sich später darüber lustig machen, wie sehr du ihn angeschmachtet hast. Das will er nicht. Er will vor seinen Freunden gut dastehen und er will eine Frau, die etwas Besonderes ist, eine die niemand so einfach haben kann – die schwer erreichbare Göttin, die er als einziger erjagen konnte.

Männer sind Jäger, das waren sie in der Steinzeit und das werden sie auch immer bleiben. Ganz egal wie fortschrittlich, emanzipiert oder technisch entwickelt eine Kultur ist, im Inneren sind wir alle noch wie unsere urzeitlichen Vorfahren, unsere Grundbedürfnisse und unsere Hormone haben sich seit damals nicht verändert.

Also: Auch wenn du ihn sofort wiedersehen willst, halte etwas Abstand. Wenn er dich fragt, wann du Zeit hast, dann sagst du so etwas wie: „Ich muss erst nachsehen, ich habe in nächster Zeit einige Termine. Vielleicht in x Tagen (am besten zwischen drei und fünf Tagen), da könnten wir uns auf einen Kaffee treffen." Damit weiß er schon, er muss sich bemühen – und das spornt seinen Jagdtrieb an.

3. Du gibst zu viel zu früh

Ich weiß, es klingt altmodisch, aber du solltest niemals, aber wirklich niemals bereits beim ersten Date Sex haben. Der Grund dafür ist – wie in Punkt 2 beschrieben – der Jagdtrieb des Mannes. Außerdem sind Männer auch nur Menschen und wollen jemandem vertrauen können. Einer Frau, die sofort mit einem Fremden ins Bett geht, kann er nicht trauen. Es könnte ja sein, dass du das mit jedem tust. Auch wenn dies nicht der Fall ist, Männer denken so. Gib beim ersten Date also nicht mehr als einen Kuss. Wenn es geht, dann spare ihn dir sogar für das zweite Date auf. Solltest du ihn schon länger kennen, weil ihr gemeinsam arbeitet oder denselben Freundeskreis habt, gilt die Regel trotzdem. Lass dir mit Intimität Zeit. Du musst ihn zuerst einmal richtig kennenlernen und prüfen, ob er überhaupt der Richtige für dich ist.

4. Du passt dich seinen Vorstellungen an und vergisst dabei, dir selbst treu zu bleiben

Er erzählt dir von seinen Einstellungen und Werten. Du bist begeistert von ihm, er sieht gut aus, ist intelligent und hat sich wirklich etwas dazu überlegt. Vielleicht denkst du jetzt, er will eine Frau, die ihm möglichst ähnlich ist, und hast Angst, er könnte dich nicht mehr wollen, wenn du gegensätzlicher Meinung bist. Wir Frauen sind fast alle ausgesprochen harmoniebedürftig und achten sehr darauf, dass sich unser Gegenüber wohlfühlt. Das ist generell eine gute Eigenschaft, allerdings nur bis zu dem Punkt, an dem du dich selbst verlierst. Wenn du deine eigenen Meinungen und Einstellungen zurückhältst oder für ihn veränderst, dann entfernst du dich ein Stück weit von deinem wahren Selbst. Dadurch wirst du schwächer und unsicherer und es könnte sein, dass du ihm das später einmal vorhalten wirst, falls ihr euch länger trefft. Es kann aber auch sein, dass er das Interesse an dir verliert, da er dich als zu wenig eigenständig oder zu wenig selbstsicher erlebt. Halte das Gespräch spannend, gib ihm Widerstand und fordere ihn heraus, seine Aussagen schlüssig zu begründen.

Frage nach! Frage ihn, warum er so denkt und ob er schon immer dieser Meinung war. Sag zwischendurch auch mal, dass du anders darüber denkst. Wenn du dich auf einem Gebiet gar nicht auskennst, dann tu nicht so, als ob, sondern sag ihm die Wahrheit. Gestehe, dass du noch nie davon gehört hast oder dich damit nicht auskennst. Willst du mit diesem Mann eine glückliche Beziehung führen? Dann bleibe dir selber treu!

5. Du interpretierst sein Verhalten

In der kognitiven Sozialpsychologie heißt es: „Jeder Mensch verhält sind wie ein naiver Wissenschaftler". Das bedeutet, dass wir ständig versuchen, das Verhalten anderer Personen auf bestimmte Gründe zurückzuführen. Je weniger gut wir eine Person kennen, umso weniger Informationen stehen uns über sie zur Verfügung und umso fehlerhafter ist dann natürlich unsere Interpretation. Logischerweise interpretiert man auch häufig entsprechend den eigenen Verhaltensweisen. Wenn du dich von einem Mann, den du begehrst, aus Unsicherheit zurückziehst, dann wirst du das abwesende Verhalten eines Mannes dir gegenüber als mögliches Interesse werten. Du sagst dir dann vielleicht, dass er nur unsicher und nervös ist und deshalb nicht mit dir redet. Leider stimmt das nur in den seltensten Fällen.
Hör auf, zu sehr zu interpretieren. Wenn ein Mann dich nicht anruft, dann tut er das deshalb, weil er zu wenig oder gar kein Interesse an dir hat. Wenn dich dein Arbeitskollege nie ansieht, dann hat er dich noch nicht entdeckt. Männer können sich wesentlich schlechter verstellen oder an ihr Umfeld anpassen als Frauen. Wenn er auf dich steht, dann wird er dich ansehen und deine Nähe suchen.

Woran du noch erkennst, ob er dich will, erfährst du später in Modul 2. Zuallererst denke daran: Du kannst niemals von dir auf andere schließen! Anders herum gilt das natürlich auch. Er weiß auch nicht, dass du ihn willst, wenn du ihm ausweichst oder ihn nicht ansiehst.

6. Du lässt dich von deinen Freundinnen beraten und hörst zu sehr auf sie

Die meisten Frauen lieben es, jedes Detail ihres neuen Dates mit ihren Freundinnen zu besprechen. Das ist ein natürliches, weibliches Verhalten. Kommunikation schafft Gemeinsamkeiten und Vertrauen und man lernt voneinander. Gute Freundschaften sind ein wichtiger Teil eines erfüllten, glücklichen Lebens. Wenn es aber um Flirttipps geht, solltest du ein wenig vorsichtig sein.
Jede deiner Freundinnen gibt dir vielleicht einen anderen gut gemeinten Ratschlag und du weißt dann vielleicht selbst nicht mehr, was du tun sollst. Fast alle Frauen sind sehr emotional und raten dir deshalb wahrscheinlich aus der Gefühlsebene. Aber gerade am Anfang des Datingprozesses ist es wichtig, einen klaren Kopf zu behalten. Nimm Tipps nur dann an, wenn sie bei deiner Freundin offensichtlich auch mehr als einmal funktioniert haben.

7. Du brauchst ihn, um glücklich zu sein

Dein Leben ist langweilig und trist ohne den richtigen Mann? Du bist meistens nicht so gut drauf und weißt, dass es dir besser geht, wenn du nur eine Beziehung hast? Wenn du so oder so ähnlich denkst, dann wird es schwierig. Männer spüren das und es schreckt sie ab. Sie wollen nicht für deine gesamte Lebensfreude verantwortlich sein. Sie wollen nicht auf diese Weise unter Druck gesetzt werden. Andersherum würdest du das auch nicht wollen.

Stell dir einmal vor, du triffst einen gut aussehenden Mann. Ihr trefft euch ein paar Mal, alles läuft ganz gut und doch merkst du, dass irgendetwas nicht ganz passt. Plötzlich erzählt er dir davon, dass sein Leben sinnlos und leer ist ohne eine Frau. Wenn er alleine ist, fühlt er sich unglücklich und schafft es nicht, sich zu motivieren. Du weißt, dass er dich wirklich braucht. Fühlt sich das gut an? Oder hättest du lieber den selbstbewussten Mann, der mit seinem Leben glücklich und zufrieden ist und mit dem eine Beziehung für dich eine Bereicherung ist, da ihr euch gegenseitig auf ein höheres Level hebt? Es ist tatsächlich so: Wenn du nicht mit dir selbst glücklich sein kannst, dann kannst du es auch nicht mit jemand anderem. Beginne jetzt und hier damit, dich selbst glücklich zu machen!

8. Du erzählst ihm von deinen traurigsten Weihnachten

Auch wenn du das Gefühl hast, dass du ihm vertrauen kannst, spare dir die negativen Geschichten aus deinem Leben. Wenn du in der Anfangsphase erzählst, wie schrecklich dein Ex war, wie gemein manche Kinder in deiner Schulzeit zu dir waren oder wie schlimm es bei dir im Büro zugeht – dann wirst du einen negativen Eindruck bei ihm hinterlassen. Jedes Mal wenn man über etwas spricht, egal ob positiv oder negativ, produziert das Gehirn ganz automatisch Bilder dazu. Diese Bilder erzeugen Emotionen. Sind die Eindrücke, die du bei deinem Gegenüber erzeugst, eher negativ oder sind sie positiv? Welche Gefühle hat er, während er mit dir spricht? Wirkt er eher ruhig und betreten oder begeistert und fröhlich? Wenn es Dinge in deinem Leben gab, die sehr schwer für dich waren und über die du mit deinem Partner sprechen willst, dann warte solange ab, bis ihr einander gut genug kennt. In der Anfangsphase bleibe bei positiven Emotionen.

9. Du versuchst dich zu verstellen

Es gibt Menschen, die sich sehr gut verstellen können und ständig schauspielern. Kennst du so jemanden? Ja? Weißt du auch, warum du weißt, dass diese Person nicht authentisch ist? Weil du die feinen Zugangshinweise auf die wahren Gefühle an der Mimik und Körperhaltung unbewusst lesen kannst. Diese Fähigkeit verdanken wir unseren Spiegelneuronen, die bei jedem Menschen vorhanden sind. Bei manchen sind sie stärker ausgeprägt als bei anderen und generell sind Frauen besser darin, die Gefühle des Gegenübers zu lesen. Aber auch Männer beherrschen diese Technik. Tatsächlich ist die Wahrnehmung einer Person nur zu sieben Prozent durch den Inhalt des Gesprochenen beeinflusst und zu 38 Prozent abhängig von der Tonalität und der Sprechart. Die Körpersprache jedoch macht 55 Prozent des Eindrucks aus. Deshalb werden Menschen, die sich zu verstellen versuchen, früher oder später entlarvt. Auf jeden Fall ist ihre Unaufrichtigkeit spürbar. Bleib du selbst und sei nachvollziehbar! Wer dich nicht mag, wie du bist, der hat dich nicht verdient. Der Nächste, bitte!

10. Du lässt dir zu viel gefallen

Viele Frauen denken, dass ein Mann sie richtig liebt, wenn sie ihm zeigen, dass sie jederzeit für ihn da sind. Sie lassen sich alles gefallen, finden es nicht weiter schlimm, wenn er sie versetzt, oder versuchen auf ihre Art und Weise ihm alles recht zu machen. Er findet das vielleicht ganz praktisch, aber er wird sich nie Hals über Kopf in dich verlieben. Bleibe deinen Grenzen treu. Sei dir klar darüber, was für dich o. k. ist und was nicht. Trau dich Nein zu sagen, wenn du Nein meinst und lass dich nicht überreden, denn sonst verlierst du deine Integrität. Tu stets das, was du für richtig hältst und was du tun willst. Du weißt, dass du in schweren Zeiten für ihn da sein kannst, wenn es wirklich darauf ankommt. Bis dorthin genieße dein Leben und gestalte es nach deinen Vorstellungen. Dafür wird er dich lieben!

Der Targetmarket – zielgruppenorientierte Werbung

Wer schon einmal so richtig hungrig und ohne Einkaufsliste im Supermarkt war, kennt das Szenario: Alles sieht lecker aus, Diätpläne und Kalorientabellen sind aus dem Gedächtnis vollkommen verschwunden, man greift nach den unterschiedlichsten Fast-Food-Produkten und kauft gierig ein. Draußen kann man es gar nicht erwarten, den ersten Figurfeind auszupacken und runterzuschlingen. Nachdem der Blutzuckerspiegel dann wieder seine Normalwerte erreicht hat, kommt das böse Erwachen. Zu viel Zucker, zu viel Fett, zu teuer und nichts davon ist wirklich brauchbar, um etwas Gesundes zuzubereiten. Und weil es nun schon mal zu Hause im Kühlschrank liegt, muss es auch verbraucht werden – man kann die Lebensmittel ja nicht einfach wegwerfen.

Wenn du nicht weißt, was du willst, dann wirst du mit der Vielfalt des Angebots überfordert sein und vielleicht etwas wählen, das dir nur im ersten Moment Befriedigung schenkt,

aber auf Dauer nicht gut für dich ist. Wenn es um Ernährung geht, dann werden wir oft von unserem Blutzuckerspiegel ausgetrickst. Wenn es um Männer geht, dann sind es unsere Hormone, die uns in ein Gefühlschaos stürzen.
Auf der Geburtstagparty meiner Freundin Kristina war der übliche Freundeskreis eingeladen. Viele Mädels, ein paar Pärchen, unser homosexueller Freund und Berater und nur zwei Singlemänner. Es war ihr dreißigster Geburtstag und dementsprechend wurde auch gefeiert, es gab Alkohol und Essen ohne Ende. Die Nacht neigte sich irgendwann dem Ende zu und die Partygäste wurden immer weniger. Zuerst gingen die Pärchen nach Hause, dann nach und nach die Mädels und übrig blieb einer der Singlemänner, Michael. Er war mir von Anfang an aufgefallen, da er einfach nicht dazu zu passen schien. Kristina war ein Hippie, fast 1,80 m groß, sehr offen und aufgeschlossen. Michael war um einiges kleiner als sie, absolut durchschnittlich gekleidet und mehr der Typ Businessman.
Aber nachdem nur sie beide übrig waren, sie genug Alkohol intus hatten, beide Single waren, fingen sie miteinander eine Affäre an. Es ging ziemlich schnell und Kristina verbrachte schon mehrere Tage am Stück in seiner Wohnung. Relativ bald begannen die ersten Schwierigkeiten. Michael war nicht einverstanden mit ihrer Lebensweise und ihrer Offenheit gegenüber Fremden. Er wollte einen gemütlichen Abend zu Hause verbringen und sie wollte das Wochenende auf einer Party durchtanzen. Kristina wünschte sich so sehr

eine Beziehung, dass sie begann, sich an ihn anzupassen. Nach mehreren unglücklichen Monaten trennten sich die beiden. Heute ist ihr klar, dass sie Michael nur nahm, weil gerade sonst keiner da war. In Wirklichkeit war er überhaupt nicht ihr Typ. Sie hätte sich die Streitereien und Tränen ersparen können, hätte sie von Anfang an genau festgelegt, was sie will und wie sie sich den Mann fürs Leben vorstellt. Sie hätte Michael an diesem Abend nach Hause schicken sollen und vielleicht schon am nächsten Tag jemanden treffen können, der viel besser zu ihr passt.
Also: Vergeude deine Zeit nicht mit Fröschen! Wenn es am Anfang einer Beziehung oder beim Kennenlernen schon Schwierigkeiten gibt, dann werden diese mit der Zeit nicht einfach verschwinden. Im Gegenteil, sie werden zu riesigen Problemen! Du kannst einen Mann nicht ändern! Und in Wirklichkeit willst du auch keinen Mann, der sich für dich verändert hat. Nimm dir doch gleich einen, der so ist, wie es dir gefällt!

Übung 9: Was genau willst du?

Schreibe eine detaillierte Liste aller Eigenschaften, die dein Traummann haben soll: Wie soll er aussehen? Wie groß soll er sein? Welche Charaktereigenschaften hat er? Welche Berufssparte interessiert dich? Welche Hobbys soll er haben? Welche Einstellungen und Wünsche?

Nimm dir Zeit und sei genau und pingelig. Es geht um deine Zukunft!

Pimp up your life – mach das Beste aus deinem Leben!

„Wenn du weißt, was du tust, kannst du tun, was du willst", sagte der bekannte Judolehrer und Bewegungstherapeut Moshé Feldenkrais. Ich sage: „Wenn du weißt, was du hast, kannst du haben, was du willst!"
Wie dein Traummann sein soll, weißt du bereits. Jetzt geht es darum herauszufinden, wie du sein willst. Je klarer dein Bild deiner Zukunft ist, desto eher wirst du es erreichen.
Fast alle Menschen wissen, was sie nicht wollen. Manche Klientin antwortet auf die Frage, wie denn ihr Traummann sein soll, mit Verneinungen: Er soll nicht untreu sein, er soll nicht ungepflegt sein, er soll nicht von ihr abhängig sein und so weiter.
Wenige Menschen wissen ganz genau, was sie wollen. Es ist gut zu wissen, was du nicht mehr willst, wenn du gleichzeitig genau weißt, wohin du willst und was du in deinem Leben erreichen möchtest. Unser Gehirn versteht Verneinungen nicht. Wenn dir jemand sagt: Denke jetzt nicht an einen saftigen, roten Apfel – woran denkst du jetzt gerade? Deine Energie folgt der Aufmerksamkeit, deshalb solltest du deinen Fokus immer auf das positive Ergebnis richten!
Hast du die Übungen in den vorhergehenden Kapiteln gemacht? Wenn nicht, dann hole sie jetzt nach, damit du das Optimum aus diesem Buch herausholen kannst. Wenn ja, dann hast du bereits ganz genau festgelegt, wie „er" sein

soll. Du hast deinen Fokus also bereits justiert und weißt, wohin die Reise gehen soll. Jetzt geht es darum, dich für diese Reise mit den notwendigen Werkzeugen optimal auszustatten, damit du deine Zeit genießen kannst.

Übung 10: Würdest du dich selbst daten?

Angenommen, du bist dieser Traummann, den du dir vorhin vorgestellt hast: Wenn du durch seine Augen auf dein momentanes Ich siehst, würdest du dich selbst daten? Würdest du mit dir ausgehen? Oder gibt es da noch ein paar Kleinigkeiten, an denen du feilen könntest?

Nimm dir dein Notizbuch zur Hand und schreibe auf:

Wer muss ich sein, um diesen Traummann anzuziehen?

Sei auch hier genau und pingelig. Sei ehrlich zu dir selbst! Brauchst du einen neuen Style? Solltest du ein paar Kilo abnehmen? Trinkst du zu viel oder bist du Kettenraucherin? Bist du ein lebensfroher, begeisterungsfähiger Zeitgenosse oder mürrisch und negativ?

Manche werden sich jetzt vielleicht überlegen, die Liste ihres Traummannes ein wenig zu reduzieren. Tu das nicht! Ganz im Gegenteil, behalte deine hohen Standards bei und wachse über dich selbst hinaus. Beginne jetzt damit, dein volles Potenzial zu leben. Ernähre dich gesund, schreib dich im Fitnesscenter ein und leg dir ein modisches neues Styling zu! Lass es dir gut gehen und behandle dich selbst so, wie du es verdient hast – als Göttin!

Übung 11: Visionboard – visualisiere deine Zukunft

Lege dir eine Schere, Kleber, ein großes Plakat oder eine Pinnwand und jede Menge Zeitschriften bereit.

Nimm dir mindestens 30 Minuten Zeit und durchstöbere die Magazine oder das Internet nach Bildern, die dir gefallen. Schneide sie aus oder drucke sie aus und befestige sie auf deinem Plakat oder deiner Pinnwand. Suche nach allem, was dir gefällt: dein Traumhaus, Autos, Urlaubsziele, Kleidungsstücke oder die Hochzeit deiner Träume.

Befestige dein Visionboard dann gut sichtbar in deiner Wohnung. Genieße die Bilder und feiere dein Leben! Das alles kannst du in deinem Leben noch erreichen, wenn du deinen Fokus darauf richtest.

Der Mensch liebt Regelmäßigkeiten und Vorhersehbarkeit. Tägliche Rituale und Gewohnheiten werden automatisch zu einem Teil seines Lebens, ohne dass er es bemerkt. Meistens fällt es ihm erst dann auf, wenn diese Handlungen aus irgendeinem Grund nicht mehr möglich sind. Manche Angewohnheiten sind gut für den Körper und die Seele, während andere schaden und einen vom Erreichen seiner Ziele abhalten.

Meine ehemalige Studienkollegin Stefanie war immer schon sehr sportlich und diszipliniert. Sie war die einzige Person, die ich in der Studienzeit kannte, die morgens extra früh aufstand, um eine Stunde lang laufen zu gehen und Yoga zu machen. Körperlich war sie in Topform. Irgendwann traf sie ihren Georg, die beiden wurden ein Paar und zogen zusammen in ein schickes Appartement in der Innenstadt. Ein Jahr später hatte Stefanie sechs Kilogramm zugenommen und war gerade dabei, sich wieder von ihrem Georg zu trennen. Sie hatte nach dem Einzug in die gemeinsame Wohnung aufgehört, ihre täglichen Sportrituale einzuhalten. Anfangs wollte sie ihn morgens nicht alleine lassen und schon nach kurzer Zeit hatte sie die Motivation vollständig verloren. Die beiden verbrachten die meiste Zeit zu zweit zu Hause und Stefanie gab einen Großteil ihres aktiven Lebens für die Beziehung auf und wurde faul. Kein Wunder, dass die beiden sich irgendwann in die Haare bekamen und gegenseitig für ihr langweiliges Leben verantwortlich machten.

Es braucht im Schnitt 21 Tage, um ein neues Verhalten zu einer fixen Angewohnheit werden zu lassen, und genauso lang, um ein Alltagsritual fast vollständig zu vergessen. Jeder, der schon einmal aufgehört hat zu rauchen oder einen neuen Sport, ein neues Hobby begonnen hat, weiß das.

Bleibe 21 Tage lang dran und du wirst deine neuen Verhaltensweisen plötzlich automatisch umsetzen. Es wird wie zu einer Sucht, du musst nur diese Anfangsphase durchhalten. Dann werden sie zu einer neuen Gewohnheit, egal ob das regelmäßiger Sport ist, gesunde Ernährung oder eben ein exzellentes Flirtverhalten. Übung macht den Meister und jeder Meister war einmal am Anfang seiner Reise. Du willst eine attraktive, strahlende Göttin sein? Dann lerne jetzt, die Fehler, die sich bisher in dein Verhalten eingeschlichen haben, zu vermeiden. Du wirst sehen, wie schnell du selbstbewusst und glücklich auftreten wirst. Charisma und Ausstrahlung ist nichts, was man an- und auszieht wie ein Kleid. Charismatisch bist du entweder 24 Stunden an sieben Tagen der Woche oder gar nicht. Du musst nicht unterwegs sein, um dich schön und begehrenswert zu fühlen, du kannst jetzt beginnen, auch wenn du alleine zu Hause in deinem Wohnzimmer sitzt. Das ist das Geheimnis erfolgreicher Frauen: Sie fühlen sich in jeder Situation wundervoll und tragen diese Ausstrahlung dann nach außen.

Wenn du durch deinen momentanen Lebenswandel noch nicht dein persönliches, ideales Selbstbild erreicht hast, dann wird es Zeit, dir ein paar neue Angewohnheiten zuzulegen.

Erfolgreiches Projektmanagement beginnt stets mit guter Planung. Man kann versuchen, ein Haus ohne Planung zu bauen. Einfach so Ziegelsteine aufeinanderzulegen, mal hier und mal dort, ganz nach Lust und Laune. Ob dabei dann wirklich ein Haus entsteht, in dem man gut und gerne leben möchte, ist sehr unwahrscheinlich. Überlass dein Haus nicht dem Zufall! Plane gut und strukturiert und du wirst mit den Ergebnissen mehr als zufrieden sein!

Du weißt nun bereits, wer du sein musst, um deinen Traummann anzuziehen. Du weißt, was du im Leben erreichen willst. Und nun geht es darum, klar zu definieren, wie du dorthin kommst.

Wann ist der beste Zeitpunkt um etwas zu ändern? Jetzt!

Veränderung passiert nicht einfach nur vom Wollen oder Visualisieren. Das ist nur der Beginn, danach musst du sofort selbst aktiv werden. Beginne jetzt mit deinem neuen Leben! Worauf willst du warten? Es wird morgen nicht leichter sein als heute. Umso früher du beginnst, umso schneller sind die 21 Tage um und dein neues Verhalten wird bereits natürlich in deinen Alltag integriert sein, sodass du nicht mehr darüber nachzudenken brauchst.

Wäre es nicht schön, wenn du automatisch motiviert bist Sport zu treiben, gesund zu essen und positiv zu denken? Wie würdest du dich fühlen, wenn es einfach so zu deinem Alltag gehören würde, dass du deine Ziele garantiert erreichst?

Übung 12: Der Aktionsplan – jetzt geht's los!

Beantworte die folgenden Fragen schriftlich in deinem Notizbuch. Sei dabei möglichst genau und detailliert.

Wie siehst du dich in einem Jahr?

Warum möchtest du dieses Ziel erreichen?

Welche Schritte musst du setzen, um dein Ziel zu erreichen? Was kannst/solltest du täglich, wöchentlich, monatlich tun?

Wie musst du in drei Monaten sein, um dieses Ziel in einem Jahr zu erreichen?

Womit kannst du sofort beginnen?

Erstelle dir einen Aktionsplan und beginne jetzt!

Modul 2: In freier Wildbahn

Die vier verschiedenen Männertypen und die dazu passenden Frauentypen

Alle Männer sind gleich? Blödsinn! Sind wir Frauen denn alle gleich? Nein, natürlich nicht. Warum also sollten es die Männer sein? Im folgenden Kapitel lernst du die vier unterschiedlichen Arten der Gattung Mann kennen.
Zu manchen Männern fühlst du dich mehr hingezogen, während ein anderer dir egal ist. Du schüttelst verständnislos den Kopf, wenn deine Freundin verliebt von ihrem Traummann schwärmt. Für dich ist es unvorstellbar, wie man mit so einem Mann glücklich werden kann, denn deinen perfekten Partner stellst du dir ganz anders vor.
Manchmal triffst du jemanden, der wirklich ein toller Typ ist, aber du weißt innerlich, dass er einfach nicht zu dir passt. Beim Durchlesen der vier verschiedenen Männertypen wirst du wahrscheinlich bemerken, mit wem du es am häufigsten zu tun hast und zu wem du dich am meisten hingezogen fühlst. Dieselbe Entsprechung gibt es natürlich auch bei uns Frauen – nicht jede kann mit jedem. Um ein passendes Gegenüber zu finden, mit dem du auf Dauer glücklich sein kannst, ist es hilfreich zu erkennen, mit wem du es zu tun hast.

Der Player

Er ist exotisch, außergewöhnlich, experimentierfreudig und braucht ständig neue Herausforderungen. Player sind Männer, die es lieben, neue Wege zu beschreiten, die innovativ und kreativ sind. Sie sind zwangfrei und geistig sehr flexibel.

Player findest du selten auf dem Land, aufgrund ihrer großen Sensations- und Lebenslust lieben sie große Städte, in denen viel los ist. Da sie ein hohes Energieniveau haben, lieben sie es zu reisen, auszugehen oder ausgefallene Hobbys zu betreiben. Sie sind großartige Liebhaber und wissen, wie man die schönen Seiten des Lebens genießen kann.

Die Schattenseite des Players ist, dass er mehr als jeder andere Typ Mann zu Drogen, Alkohol oder riskantem Sex neigt. Er liebt Exzesse. Außerdem ist er leicht narzisstisch und geht gerne sozialen Verpflichtungen aus dem Weg. Seine Neugier ist meist stärker als sein Verantwortungsbewusstsein.

Oft vergisst er wichtige Termine, da er mit seinen Abenteuern beschäftigt ist, und hasst den Alltag und die Gleichförmigkeit.

So erkennst du den Player

Er wirkt ruheloser als andere, ist sehr energetisch und erzählt dir von den außergewöhnlichen Dingen, die er erlebt hat. Ein guter Zuhörer ist er nur dann, wenn du spannend genug für ihn bist. Diesen Mann musst du ständig beschäf-

tigt halten. Er liebt es, sich um dich zu bemühen, und sein Selbstbewusstsein ist groß genug, um dich ständig anzurufen.
Diesen Mann bekommst du, wenn du ihn in seiner eigenen Disziplin schlagen kannst. Du bist experimentierfreudig, abenteuerlustig und kreativ? Du bist eine geheimnisvolle, aufregende Frau? Dann wird er dich verehren.
Er wird dir für immer treu sein und dich heiraten, wenn du dafür sorgen kannst, dass es ihm niemals langweilig wird und persönliches Wachstum und Entwicklung an oberster Stelle stehen.
Prominentes Beispiel: Robbie Williams

Die Playette

Sie ist eine geborene Verführerin und kennt ihre Reize. Das weibliche Gegenstück zum Player ist wild und akzeptiert keine Regeln. Risikoreicher Sport und Abenteuer sind für sie Alltag. Manchmal neigt sie auch zu zu hohem Alkoholkonsum oder zum Rauchen. Sie hat fast ein wenig Angst vor engen Beziehungen, obwohl sie sich in ihrem Inneren sehr danach sehnt. Alles darf er sein, nur nicht langweilig. Wehe, jemand versucht sie zu bevormunden oder ihr den Genuss zu verbieten, dann wird sie biestig und sucht gleich Trost in fremden Betten.
Manchmal verschreckt sie Männer durch ihre Offenheit und ihr massives Flirtverhalten. Männer haben Angst davor,

dass sie von ihr nur benutzt werden. Dabei will sie bloß ihren Spaß, und wer sie zähmen kann, ohne ihr dabei etwas zu verbieten, dem ist sie auf ewig treu.
Die Playette hat schon viele gescheiterte Beziehungen hinter sich und ist trotzdem voller Lebensmut. „Dann eben ohne Mann", denkt sie sich und spielt weiter das aufregende Spiel des Lebens. Solange sie sich nicht aus Übermut verschuldet oder durch ihren ungesunden Lebensstil Schaden trägt, springt sie weiter fröhlich durchs Leben. Sie ist die erwachsene Pippi Langstrumpf.

Wen jagt der Player?

Der Player fühlt sich am meisten zur Playette hingezogen, seinem weiblichen Pendant. Es kann auch mit der Philosophin funktionieren. Mit der Managerin hat er einige Herausforderungen, die Heldin kommt mit ihm nur sehr schwer zurecht.

Der Philosoph

Er hat ein großes Wissen, Interesse für die Wissenschaften, eine lebhafte Vorstellungskraft und ungemeines Theorieverständnis. Dieser Mann liebt es Fakten zu sammeln, darin Muster zu erkennen und seine Fähigkeit vernetzt zu denken zu nutzen. Philosophen stehen zu ihrer weiblichen Seite. Sie sind sehr harmoniebedürftig, schätzen Nähe und wollen tief gehende Bindungen eingehen. Als geistig flexible

Denker verbinden sie bereits bestehende Theorien miteinander und schweifen gerne in ihre Tagträume ab. Dieser Mann kann stundenlang in einem Buch versinken und die Welt um sich vergessen.
Er ist auf der Suche nach seiner eigenen Identität und hält Ausschau nach einer lebenslangen Gefährtin. Daher wird er sich nur mit einer authentischen, sympathischen Frau binden.
Er ist niemals aggressiv oder kalt, die Gefühle andere Menschen sind ihm wirklich wichtig.
Die Schattenseiten des Philosophen sind, dass er manchmal verwirrt wirkt und im Gespräch abschweift. Er redet sehr gerne und sehr viel, unterbricht andere, wenn ihm etwas zum Thema Passendes einfällt, und kann belehrend wirken. Da er sehr viel denkt, braucht er lange, um Entscheidungen zu treffen. Das lässt ihn unentschlossen oder unsicher wirken. Manchmal handelt er zu spät und verpasst wichtige Fristen oder notwendige Alltagspflichten. Sein großes Harmoniebedürfnis lässt ihn manchmal bedauernswert und unsicher wirken.

So erkennst du den Philosophen

Er redet viel und bildet sich auch viel auf sein Wissen ein. Er wird dir komplizierte Sachverhalte erklären und freut sich, wenn du dazu etwas sagen kannst. Sein Anspruch ist es, intellektuell zu wachsen und ständig dazuzulernen. Körperlich ist er eher zurückhaltend und vorsichtig. Er ist

kein Casanova, sondern lässt sich nur dann näher mit einer Frau ein, wenn er wirklich mit ihr zusammensein will. Er wird dich auf Herz und Nieren prüfen.
Seine Traumfrau ist intellektuell und gefühlvoll. Sie sollte aber auch ein bisschen Feuer mitbringen.
Prominentes Beispiel: Woody Allen

Die Philosophin

Sie ist weich und sanft. Sie ist die Bibliothekarin, die viele Geheimnisse in sich trägt. Wenn sie spricht, dann meistens leise und ruhig, jedes Wort ist wohl gewählt und sie schätzt den geistigen Austausch. Manchmal wenn sie einsam ist, sie das Gefühl hat, niemand würde sie verstehen, dann zieht sie sich gerne in die Natur zurück. Bei ihr geht alles ein bisschen langsamer, gut Ding braucht eben Weile.
In ihrer Jugend saß sie lieber über Büchern, als wie die wilde Playette um die Häuser zu ziehen. Manchmal ist sie in ihren Gedanken so gefangen, dass sie kaum etwas von ihrer Umwelt mitbekommt. Kleidung und Aussehen sind für sie sekundär, es kommt auf die inneren Werte an.
Eine Philosophin geht achtsam mit ihrer Sexualität um und braucht viele, lange Gespräche, bis sie sich jemandem öffnet. Der Mann, der ihre Tiefe zu schätzen weiß, kann sich glücklich schätzen, eine so kluge, treue, liebevolle Frau an seiner Seite zu haben.

Nach wem sehnt sich der Philosoph?

Der Philosoph mag die strukturierte Heldin am liebsten. Playette, Philosophin und Managerin liegen gemeinsam auf Platz zwei.

Der Manager

Er ist sich selbst treu, nimmt seine Verpflichtungen ernst und legt Wert auf Ordnung und Verlässlichkeit. Dieser Mann hat ein stark ausgeprägtes Ehr- und Pflichtgefühl und ist ausgesprochen loyal. Manager mögen klare, eindeutige Kommunikation und können es nicht leiden, wenn eine Frau versucht, sie nur mit sexuellen Reizen oder Zweideutigkeiten zu locken. Er selbst befolgt konventionelle Regeln und liebt es, seine Pläne gewissenhaft zu verfolgen. Dabei ist er sehr umsichtig und konkret. Manager sind sehr leutselig und taktvoll und können daher sehr gut mit unterschiedlichen sozialen Gruppierungen umgehen.
Von allen Männertypen ist bei ihm das Bedürfnis nach Familie und funktionierender Partnerschaft am stärksten ausgeprägt. Er ist treu, geduldig, beständig und pflegt seinen Besitz. Tatsächlich sind viele dieser Männer als Geschäftsführer oder Manager tätig. Der Manager orientiert sich an Zahlen und Fakten, Spiritualität oder Esoterik sind ihm fremd. Da er auf Klarheit und Präzision Wert legt, kann er Zweideutigkeiten oder unklare Aussagen nicht leiden. Wenn ihn jemand beim Sprechen unterbricht oder

seiner Meinung nach überflüssige Fragen stellt, verärgert ihn das.
Seine Schattenseite ist, dass er nur einen einzigen richtigen Weg akzeptiert, weil er so sehr daran orientiert ist, alles richtig zu machen. Hat er einmal eine Meinung gefasst, dann kann er sehr stur, engstirnig und dogmatisch sein. Der Manager neigt zu Pessimismus und Sparsamkeit. In extremen Fällen kann er auch geizig sein. Es kann passieren, dass er überkritisch wird und der Vergangenheit nachhängt.

So erkennst du den Manager

Er legt Wert auf gutes Benehmen und ist der perfekte Gentleman. Ein Manager macht niemals sexuell anzügliche Bemerkungen und achtet sehr auf die Etikette. Beim ihm läuft alles nach Plan und er ist immer pünktlich. Zuspätkommen nimmt er persönlich und interpretiert es als Respektlosigkeit. Seine Hände sind immer gepflegt und seine Kleidung passt perfekt zum jeweiligen Anlass.
Viele Manager tragen tatsächlich gerne Karomuster. Vom Hemd bis zur Golfhose, Karos symbolisieren Tradition und Stil.
Er wird dich lieben, wenn du klar und präzise kommunizierst und dich in Gesellschaft gut zu benehmen weißt. Seine Traumfrau ist gut gekleidet und strahlt Beständigkeit und Loyalität aus.

Prominentes Beispiel: Prinz William

Die Managerin

Bei ihr hat alles seine Ordnung. Struktur und Planung sind ihr wichtig. Chaos oder Unpünktlichkeit lässt sie verzweifeln. Sie ist eine fürsorgende, nährende Frau, die neben ihrem Berufsalltag auch noch ihren Haushalt mit Leichtigkeit managt. Es macht ihr richtig Spaß, die vielen Aufgaben zu meistern, und nebenbei sieht sie immer großartig aus.

Sie ist verlässlich und stabil. Verscherzen darf man es sich mit ihr nicht, denn dann geht sie schnell wieder ihre eigenen Wege. Sie hat keine Zeit für Menschen, die sie nicht wertschätzen, und verbringt gerne Zeit mit ihrer Familie oder ihren langjährigen Freunden.

Sie ist sehr höflich und würde niemals jemanden vor den Kopf stoßen. Eine Managerin ist eine ausgezeichnete Ehefrau und Mutter. Je mehr Aufgaben, desto besser für sie.

Manchmal fehlt ihr jedoch die Zeit für sich selbst und vor allem wenn ihre Bemühungen nicht geschätzt werden, zieht sie sich in stille Verzweiflung zurück.

Sie sucht einen aktiven, selbstbewussten Mann, der fest im Leben steht und trotzdem ihre Ratschläge sehr ernst nimmt. Immerhin weiß sie, wovon sie spricht. Sie ist die Bree von den Desperate Housewifes.

Mit wem plant der Manager seine Lebenszeit zu verbringen?

Der Manager liebt die Managerin. Hin und wieder geht er lange Beziehungen mit der Playette ein. Die Heldin und die Philosophin fühlen sich von seinem Pflichtgefühl und seinem Ordnungssinn eingeengt. Konflikte sind daher programmiert.

Der Held

Er ist aufrichtig, ehrlich und sagt stets, was er denkt. Die Planung seiner Karriere ist ihm sehr wichtig und er geht skeptisch und analytisch vor.
Der Held verlangt sich selbst und anderen viel ab. Er ist musisch und sportlich sehr begabt und interessiert. Aufgrund seines guten strukturellen Denkens liebt er Fußball oder Schach. Es interessiert ihn, wie und warum die Dinge funktionieren, er kann sich gut konzentrieren und ist sehr stolz auf sein analytisches, logisches Denken. Der Held verfügt über ungewöhnliche Entschlossenheit, er fällt Entscheidungen schnell und impulsiv. Er hat keinen Respekt vor Autoritäten, Diplomen oder Zeugnissen und schätzt seine Unabhängigkeit.
Seine Ziele verfolgt er selbstsicher mit Einfallsreichtum und Mut. Dabei kann es manchmal zum Konkurrenzkampf mit anderen kommen. Er setzt sich hohe Ziele, glaubt mit felsenfester Überzeugung daran und kämpft dafür. Sein

Freundeskreis ist klein, aber verlässlich. Interessanterweise ist bei allen Männern des Typus Held der Ringfinger viel länger als der Zeigefinger. (Beim Philosophen ist es genau umgekehrt!)
Seine Schattenseite ist, dass er emotional sehr zurückhaltend ist. Er kann seine Gefühle sehr lange kontrollieren, reizt man ihn aber zu sehr, dann explodiert er jäh. Er kann sehr zornig werden, schreien und manchmal sogar handgreiflich werden. Es kann passieren, dass er von seinem Gegenüber kompromisslos fordert und kein Nein akzeptiert. Als Vorgesetzter kann er tyrannisch werden, und sein Ehrgeiz kann ihn zu übertriebenem Arbeitseifer treiben. In stark negativer Ausprägung scheut er Bindungen und bleibt deshalb lange allein.

So erkennst du den Held

Du erkennst ihn an seiner stolzen Körperhaltung und seiner Impulsivität. Er liebt Frauen, die scharfsinnig und diszipliniert sind und dabei trotzdem ihre Weiblichkeit nicht verlieren. Wenn du ihm seine Freiheit lassen kannst, ihn zur richtigen Zeit bewunderst und nicht mit ihm konkurrierst, dann kannst du auf ihn zählen.

Prominentes Beispiel: Bill Gates

Die Heldin

Sie ist selbstbewusst und stark. Es kann passieren, dass sie sich immer wieder mit anderen Menschen streitet oder um ihre Anerkennung kämpft. Sie ist fit und aktiv und liebt jede Art von Herausforderung.
Technik und Wissenschaft interessieren sie sehr, oft findet man sie auch in typisch männlichen Berufen wieder. Da ihr ihre Unabhängigkeit sehr wichtig ist und sie noch dazu genau weiß, was sie will und was nicht, fällt es ihr nicht immer leicht, ein passendes männliches Gegenüber zu finden. Sie fühlt sich zum Helden hingezogen, doch muss vorsichtig sein, nicht mit ihm zu konkurrieren, denn sonst liegen sich die beiden schnell in den Haaren.
Die Heldin wirkt auf den ersten Blick nicht typisch weiblich, da sie lieber bequem als elegant unterwegs ist. Sie ist jedoch eine unglaublich liebensfähige und auch weiche Frau, wenn sie einen Mann gefunden hat, der sie wirklich beeindruckt. Sie ist wie Johanna von Orléans, sie kämpft für Freiheit und Recht, koste es, was es wolle.

Wen will der Held?

Der Held fühlt sich besonders von der Philosophin angezogen. An zweiter Stelle steht die Heldin, dann die Playette und ganz zum Schluss die Managerin.

Wenn du zu Beginn des Kennenlernens schon wissen möchtest, in welche Richtung dein Gegenüber tendiert, dann kannst du das mit den folgenden drei Fragen herausbekommen. Diese Fragen sind außerdem lustig und unterhaltsam und bringen das Gespräch in Gang. Die Fragen kannst du genauso per E-Mail stellen, wenn du mit ihm online in Kontakt bist.

Welcher Typ ist er – drei Fragen, vier Charaktere

Frage 1: Stell dir vor, du bist auf Weg zu deinem ersten Date mit einer Frau, die dir gefällt, und du bist bereits spät dran. Plötzlich siehst du eine alte Dame, die Hilfe beim Einräumen ihres Einkaufs in ihren Wagen braucht. Was tust du?

- Der **Player** antwortet mit sexy Tonalität und einem Augenzwinkern: Ich geh zum Date und nehme die Dame als Ausrede.
- Der **Philosoph** erzählt ausführlich, warum es wichtig ist, anderen zu helfen, und wie er das genau geregelt hätte.
- Der **Manager** sagt: „Ich bin nie zu spät!"
- Der **Held** sagt klar: „Natürlich helfe ich ihr und rufe an, damit ich Bescheid sagen kann, dass ich später komme."

Frage 2: Du bist auf einem Begräbnis und siehst eine attraktive Frau, die dir gefällt. Es stellt sich heraus, dass sie die Enkeltochter des Verstorbenen ist. Was machst du?

- Der **Player** sagt eindeutig: „Ich reiße sie auf."

- Der **Philosoph** wird mit ihr darüber sprechen, was der Tod wirklich bedeutet und wie er in unterschiedlichen Kulturen erlebt wird.
- Der **Manager** versucht zu helfen und bringt ihr ein Glas Wasser.
- Der **Held** kümmert sich um sie und stellt ihr ungezwungene Fragen, um sie ein wenig aufzumuntern.

Frage 3: Du gehst mit deiner Freundin und einem befreundeten Paar, das selten ausgeht, in einen Club. Das Paar schlägt vor, für eine Weile die Partner zu tauschen, um ein wenig Spaß zu haben und aufzutauen. Der Mann traut sich aber nicht wirklich, mit deiner Freundin zu tanzen. Wie hilfst du ihm, sich wohlzufühlen?

- Der **Player** wird sagen, er tanzt einfach mit der Freundin des anderen oder auch mit anderen, fremden Frauen.
- Der **Philosoph** wird jetzt einen Vortrag darüber halten, warum es in Ordnung ist, mit jedem zu tanzen, und was Liebe wirklich bedeutet.
- Der **Manager** schlägt vor, noch ein anderes Paar einzuladen, um das Ganze etwas ungezwungener zu gestalten.
- Der **Held** sagt: „Der Mann muss aus seiner Komfortzone herauskommen und sich einfach überwinden.“

So, oder so ähnlich werden die einzelnen Männer antworten. Mit der Zeit wirst du ein gutes Gefühl dafür bekommen, welcher Mann welcher Typus ist.

Ein Mann wird nicht unbedingt auf jede Frage mit den Antworten nur eines Typus antworten. Jeder hat eine Primär- und eine Sekundärausprägung. Welche davon stärker zum Vorschein kommt, ist situationsabhängig. Es gibt 12 weitere Untertypen.

- **Player-Philosoph:** Er ist der einfühlsame Player und strebt nach Harmonie. Offenheit und Sensibilität gehören zu seinen Stärken.
- **Player-Manager:** Er ist der Player, mit der am meisten ausgeprägten Moral. Auch wenn er Abenteuer liebt, wählt er dafür lieber traditionelle Partnerinnen als unkonventionelle.
- **Player-Held:** Er ist der Don Juan. Er hungert nach Status und Unabhängigkeit. Mit ihm kannst du durchbrennen.
- **Philosoph-Manager:** Er ist taktvoll, mitfühlend und kann sehr gut mit Menschen umgehen. Er ist pragmatisch und glaubt an die Liebe fürs Leben. Dieser Mann wird dich heiraten.
- **Philosoph-Held:** Er will eine spirituelle Verbindung, sucht seine Seelenpartnerin. Auf ihn kannst du zählen. Dieser Mann kämpft um seine Beziehung und gibt nicht so schnell auf.
- **Philosoph-Player:** Er ist charmant und spirituell. Sein Charakter hat viele Facetten, er ist ein soziales Chamäleon. Mit ihm wirst du viele lustige, außergewöhnliche Erlebnisse haben.

- **Manager-Held:** Er ist der ehrgeizigste aller Manager und ein unabhängiger, innovativer Denker. Bei ihm kommst du gut an, wenn du ehrlich und traditionell bist und hohe moralische Werte lebst.
- **Manager-Player:** Er ist gleichzeitig verlässlich und aufregend. Am liebsten verbringt er Zeit mit Menschen, die vertrauenswürdig, aber aktiver und abenteuerlustiger sind als er selbst.
- **Manager-Philosoph:** Er ist der sozial verträglichste Manager. Sobald er dich als seine mögliche Partnerin sieht, wird er dich in seinen Bekanntenkreis mit einbeziehen und überall vorstellen.
- **Held-Player:** Er braucht Autonomie und Selbstständigkeit. Bei ihm kommst du gut an, wenn dir soziale Zwänge und Normen egal sind und du fantasievoll und kreativ bist. Aber konkurriere nie mit ihm!
- **Held-Philosoph:** Er ist ein Romantiker und zählt auf Bindung und Loyalität. Es ist ihm egal, ob ihr heiratet oder nicht – er beurteilt dein Verhalten ihm gegenüber. Es ist ihm wichtig zu wissen, dass du es ernst meinst.
- **Held-Manager:** Er ist die geborene Führungskraft. Er ist begeisterungsfähig und weiß ganz genau, was er will. Anfangs wirkt er geheimnisvoll, da er niemanden so schnell hinter seine Fassade blicken lässt. Er will eine Frau, die ihn dabei unterstützt, seine sozialen Kontakte zu pflegen.

Die zehn Phasen des Kennenlernens

Ich bin eine Forscherin, deshalb liebe ich wissenschaftliche Vorgehensweisen. Aus diesem Grund habe ich den Prozess des Kennenlernens in zehn Phasen unterteilt. Das macht es – meiner Meinung nach – viel leichter wahrzunehmen, wo du gerade stehst, was zu tun ist und was du noch unterlassen solltest. Viele Frauen machen den Fehler, viel zu früh zu starke Emotionen zu zeigen oder sich viel zu früh auf Intimität einzulassen. In den meisten Fällen sind die Männer dann wieder weg. Männer reagieren auf eines wirklich mit Angst: eine liebesbedürftige Frau!
Bevor ich die zehn Phasen erläutere, noch etwas zur weiteren Terminologie:

Die Attraktivitätsskala

Männer, vor allem die aus der Pick-up-Szene, verwenden eine Attraktivitätsskala, um Frauen zu beschreiben und zu beurteilen. Frauen mit einer „Zehn“ sind ein Topmodel, solche mit einer „Null“ der weibliche Glöckner von Notre Dame.
Wir werden diese Skala genauso zur Beschreibung der Männer verwenden. Warum das sinnvoll ist?
Umso klarer dir ist, was du willst und was du nicht willst, umso leichter kommst du zum Erfolg und vermeidest sinnlose Irrwege. Du hast es nicht nötig, mit der nächstbesten

„Vier“ eine Beziehung einzugehen, wenn du deine „Neun“ oder „Zehn“ noch nicht gefunden hast!
Ich verwende diese Skala nicht unbedingt nur fürs Aussehen, sondern eben wie gesagt für die Attraktivität. Eine „Zehn“ bedeutet, dass er vollkommen deinen Vorstellungen entspricht, und zwar nicht nur äußerlich, sondern auch charakterlich. Je mehr er abweicht, umso tiefer sinkt er in der Skala.
Nachdem du seinen Charakter ja nicht auf den ersten Blick erkennen kannst, ist es natürlich möglich, dass er im Laufe der Zeit in der Attraktivitätsskala auf- oder absteigt. Das ist in Ordnung so, wir Frauen haben ja das Recht darauf, unsere Meinung ständig zu ändern! Ich nenne das weibliche Flexibilität.

Die Interessenskala

Mit ihrer Hilfe messe ich, wie sehr er an weiterem Kontakt interessiert ist. Selbes gilt wie vorhin: „Zehn“ heißt, er glaubt, er kann nicht mehr ohne dich leben, und „null“ meint, er sieht dich nicht. Diese Skala ist enorm wichtig, wenn es darum geht zu bemessen, ob noch weitere Schritte folgen sollten und wenn ja, welche. Um zu wissen, ob er wirklich interessiert an dir ist, musst du nicht nur seine Körpersprache lesen können, sondern auch sein Verhalten beurteilen. Dazu später mehr.

Wir unterteilen die gesamte Strategie in zehn Bereiche:

1. Kontaktaufnahme
2. Das erste Gespräch
3. Sehen wir uns wieder?
4. Er meldet sich
5. Das erste offizielle Date
6. Die Dates zwei bis fünf
7. Sex, endlich!
8. Weitere Nächte
9. Gemeinsame Wochenenden
10. Jetzt ist es fix!

Wir Frauen sind Gefühlswesen. Es kann sehr schnell gehen, dass wir von unseren Emotionen überwältigt werden. Leider treffen wir dann manchmal Entscheidungen, die nicht unseren Zielen und Wünschen dienlich sind. Die „Zehn-Phasen-Strategie“ hilft dir dabei, in der Anfangsphase einen kühlen Kopf zu bewahren und zur richtigen Zeit richtig zu handeln. Im ersten Moment mag dies manipulativ klingen, doch das wahre Ziel ist, die Liebe deines Lebens (oder Lebensabschnitts) zu finden, über dich selbst hinauszuwachsen und der weibliche Energiegeber im Leben deines Traummannes zu sein.

Phase 1: Die Kontaktaufnahme

Du kennst deine Zielgruppe. Du weißt, wo du sie findest. Du fühlst dich attraktiv und selbstbewusst, spazierst hoch erhobenen Hauptes durch die Straßen und siehst einige interessante Männer. Doch: Niemand spricht dich an. Kennst du das?

Der Grund dafür ist ganz einfach. Auch Männer sehen mehrere für sie interessante Frauen an einem Tag. Warum sollten sie dann ausgerechnet dich ansprechen, wenn du die zehnte bist, die an ihnen vorbeigeht?

In dieser Phase geht es darum, das gesichtete Ziel auf sich aufmerksam zu machen, er braucht ein eindeutiges Signal von dir!

Der erste Kontakt mit einem fremden Menschen ist auch für mutige Männer aufregend und spannend. Woher soll er wissen, dass du an ihm Interesse hast, wenn du ihn nicht ansiehst. Solange du in einem lebhaften Gespräch mit deiner Freundin bist und dem Rest der Welt den Rücken zuwendest, kann kein Mann ahnen, dass du Interesse hast. Auch wenn du ihm auf den ersten Blick gefällst, er wird mit 99 Prozent Wahrscheinlichkeit dein Gespräch nicht unterbrechen. Frauen haben verschiedene Gründe dafür, einem Mann nicht offensichtlich zu zeigen, dass sie ihn interessant finden. Manche Frauen sind schüchtern und haben Angst vor Zurückweisung. Andere denken, dass gespieltes Desinteresse sie interessanter und schwerer erreichbar wirken lässt. Es kann sein, dass du sofort gespürt hast, dass ihr zueinanderpasst. Vielleicht hat er sich dasselbe gedacht. Nur wenn du es ihm zu schwer machst, dann wird er aufgeben und sich einer anderen Frau zuwenden, die genauso interessant, aber offener wirkt.

Menschen haben zwei Grundängste. Die erste Angst ist es, von einem wilden Tier gefressen zu werden. Diese Angst ist natürlich und sorgt dafür, dass wir vorsichtig sind und unser Leben schützen. Die zweite große Angst ist, die soziale Zugehörigkeit zu verlieren. Menschen tun alles dafür, um sozial anerkannt zu sein, egal ob es sich dabei um bestimmte Kleidung, bestimmte Einstellungen oder gewissen Verhaltensweisen handelt, wir gleichen uns an unsere „Peergroup" an. Als Peergroup gelten Gruppen mit Mitgliedern ähnlichen Alters, meist auch ähnlicher sozialer Herkunft und gleichen Geschlechts. Dieses Bedürfnis kommt ebenfalls aus der Steinzeit, in der eine funktionierende Gemeinschaft unser Überleben gesichert hat. Heute ist das nicht mehr so wichtig, denn bloßes Überleben ist auch ohne andere Menschen möglich. Um wirklich glücklich zu sein, braucht aber jeder Mensch ein soziales Umfeld, in dem er sich aufgehoben fühlt.

Die Angst vor Zurückweisung sitzt also tief verwurzelt in unserem Unterbewusstsein. Im Datingprozess ist diese Angst aber störend und überflüssig.

Wenn du einen fremden Menschen gerade kennenlernst, dann ist es in Wirklichkeit nicht relevant, ob er dich nun

mag oder nicht, da du auch ohne ihn sehr gut überleben wirst und ohnehin deinen Freundeskreis hast.
Jeder Mensch hat seine persönliche Komfortzone. Das ist der Bereich an Verhaltensweisen und Aktivitäten, den er kennt und in dem er sich sicher fühlt. Normalerweise definiert man diesen Rahmen am Anfang seines Erwachsenenalters und bleibt dann dort bis zu seinem Tod. So wie die Eltern meiner Nachbarin Jenny, die jedes Jahr im selben Hotel Urlaub machen, sonntags dieselben Speisen auftischen wie seit 30 Jahren und immer mit den gleichen Menschen Zeit verbringen. Das mag bequem und sicher sein, Wachstum und Veränderung werden sich dadurch jedoch kaum einstellen.
Bequemlichkeit führt zu Erfolg? Ist da richtig? Nein! Natürlich nicht! Wachstum beginnt am Rand der Komfortzone, dort wo es vielleicht ein wenig Angst macht oder wehtut. Muskeln wachsen nicht durch gemütliches Spazierengehen, sondern durch Überanstrengung, durch ein Verlassen der gewohnten Bewegungsmuster. Das ist uns klar, wenn es um Sport geht oder um das Lernen für ein Studium, doch beim Flirten? Da ist es den meisten Frauen lieber, passiv zu bleiben und zu warten. Naja, meine Liebe, die Zeit bleibt auch für dich nicht stehen. Wenn du weiterhin darauf wartest, dass dich der Traummann anspricht, ohne dass du etwas dazu beigetragen hast, dann kannst du lange warten. Ich weiß, am Anfang ist es aufregend, mit Blickkontakt zu flirten und offensiv zu werden. Genieße es!

Unser Inneres will aber in der Komfortzone bleiben aus Angst davor zu versagen. Lass das nicht zu! Jeder erfolgreiche Mensch ist am Anfang öfter gescheitert. Der Unterschied zwischen erfolgreichen Menschen und denen, die es nicht sind, ist aber, dass die Gewinner nicht aufgeben und immer weiterüben. Wenn die Nervosität nun also da ist, dann kannst du dein Unterbewusstsein austricksen, indem du dich deiner Angst so oft wie möglich stellst. Augen auf und durch!

Es ist dasselbe wie das öffentliche Sprechen vor Gruppen. Die meisten Menschen sind unglaublich aufgeregt, wenn sie zum ersten Mal in ihrem Leben ein Referat halten müssen. Aber spätestens nach dem zehnten Vortrag fällt es schon viel leichter und lockerer und wenn man beruflich jede Woche einen Vortrag halten muss, dann ist es einem vollkommen egal. Man ist entspannt und selbstsicher dabei. Als Vortragender weißt man, dass man gute und schlechte Tage hat, einem manche Themen mehr liegen als andere und dass es gute und schlechte Zuhörer gibt! Trotzdem macht man weiter und lernt mit jedem Mal dazu. Genau dasselbe gilt für den Prozess des Flirtens: Übe und lerne! Wiederholung ist die Mutter aller Fähigkeiten.

Menschen entscheiden in weniger als einer Sekunde, ob ihnen ein anderer egal welchen Geschlechts gefällt oder nicht. Du kennst das bestimmt: Du betrittst einen Raum mit mehreren Menschen und weißt sofort, wer dir sympathisch ist und wer nicht. Das bedeutet, dass sowieso nur Männer auf dich reagieren werden, die dich im ersten Moment interessant finden. Ob es dann zu einem Gespräch kommt oder mehr daraus wird, liegt zu einem großen Teil auch an dir.

Für die erste Kontaktaufnahme gibt es ein paar Tricks, um es ihm zu erleichtern. Du willst, dass er dich anspricht? Signalisierst du ihm, dass er sich an dich heranwagen darf?

Das funktioniert ganz einfach: Nimm Augenkontakt auf! Sieh ihm für genau zwei Sekunden in die Augen und lächle freundlich dabei. Dann sieh wieder weg. Dabei bewege deinen Kopf leicht nach unten. Männer lieben es, wenn man sie von unten ansieht, denn das lässt dich niedlich wirken, macht deine Augen größer und verstärkt dadurch deine Attraktivität und Weiblichkeit.

Wenn du nervös dabei bist, dann sieh ihm nicht direkt in die Augen, sondern fokussiere sein „drittes Auge“ an, den Punkt am Ende der Nasenwurzel zwischen den Augen. Er wird nicht bemerken, dass du ihm nicht direkt in die Augen siehst, und du kannst entspannen. Du bist trotzdem nervös? Dann achte auf deine Körperhaltung! Wie ist dein Rücken? Gerade oder gekrümmt? Wie ist deine Atmung? Langsam und tief oder schnell und oberflächlich?

Deine Körperhaltung und deine Atmung werden direkten Einfluss auf deine Emotionen ausüben. Wenn du also nicht weißt, wie du dich sicher und entspannt fühlen kannst, dann ändere deine Physiologie: Stehe oder sitze aufrecht mit geradem Rücken, ziehe die Schulterblätter nach hinten und strecke die Brust heraus. Halte deine Lippen ganz leicht geöffnet – das entspannt deine Mimik und lässt dich attraktiver wirken.

Freundlicher Blickkontakt ist das Wichtigste am Beginn des Kennenlernens. Atme einmal durch, bring dich in eine aufrichte Körperhaltung, sieh ihn für zwei Sekunden an (du kannst innerlich mitzählen, das entspannt auch: 21, 22, 23 …) und lächle.

Normalerweise reicht dies aus, um sein Interesse zu wecken. Jetzt kannst du noch ein paar Mal prüfen, ob er dich auch ansieht. Tut er das, dann hast du schon fast gewonnen. Sieht er dich einmal an, dann um sich zu vergewissern, wie du aussiehst. Beim zweiten Mal sieht er hin, weil ihm gefällt, was er sieht. Wenn er ein drittes Mal hinschaut, dann will er dich kennenlernen. Du brauchst nicht unbedingt jedes Mal zurückschauen – es genügt, wenn du ihn, nachdem er wieder hergesehen hat, noch einmal anlächelst. In der Regel reicht es aus, ihn dreimal anzusehen. Bei besonders hartnäckigen Fällen kann es auch bis zu fünf Mal sein.

Sollte er nach dem fünften Blickkontakt noch immer nicht reagieren, dann hat er im Moment kein Interesse an dir oder bereits eine Freundin. Macht nichts, nimm es locker, es war eine Übung und du hast einem Menschen gezeigt, dass er interessant und attraktiv ist, und somit seinen Tag ein wenig verschönert. Denn auch wenn jemand in einer Beziehung ist, genießt er es, von anderen noch gesehen zu werden. Freu dich darüber, dass du so selbstbewusst und stark bist, dass du jemand anderem zeigen kannst, dass du ihn sympathisch findest. Wer anderen Menschen Anerkennung und Respekt entgegenbringen kann, der wird auch selbst Wertschätzung und Respekt ernten.

Übung 13: Der verführerische Blickkontakt

Diese Übung kannst du ab jetzt täglich und jederzeit durchführen. Probiere sie im Büro, im Supermarkt, in der U-Bahn und beim Ausgehen.

Jetzt aber, in den nächsten 30 Minuten, übst du hier, wo auch immer du gerade bist. Geh raus auf die Straße, unter Leute oder geh einkaufen. Ganz egal, Hauptsache du hast die Möglichkeit Männern zu begegnen! (Wenn du wieder zurück bist, dann notiere dir deine Erlebnisse.)

Bring dich in eine selbstsichere Körperhaltung, atme gut, öffne deine Lippen leicht und sieh Männer mit leicht nach unten geneigtem Kinn freundlich an.

Halte den Blickkontakt zwei Sekunden und dann setze deinen Weg oder deine Tätigkeit fort.

Übe mit allen Männern, auch mit solchen, die dir nicht gefallen oder die offensichtlich gerade gestresst oder uninteressiert sind. So wirst du flexibel. Diese Übung wird dein Selbstbewusstsein steigern, denn du wirst bemerken, wie viele Männer auf einmal auf dich reflektieren! Zusätzlich machst du andere Menschen glücklich, da du ihnen Aufmerksamkeit entgegenbringst. Viel Spaß!

Phase 2: Das erste Gespräch

Bist du schon einmal einem Menschen begegnet, der dir auf den ersten Blick sehr gut gefallen hat, aber nachdem er den Mund aufgemacht hat, plötzlich total uninteressant war? Oder hast du schon einmal jemanden kennengelernt, dessen Stimme, Ausdrucksweise und Ausstrahlung dich plötzlich fasziniert haben, obwohl er dir optisch im ersten Moment nicht so gut gefallen hat?

Die ersten Sätze, die wir mit einem Fremden wechseln, sind bedeutend für den weiteren Verlauf der Beziehung. Wirkst du zu arrogant oder zu unsicher, dann wird der andere sich wieder zurückziehen. Bist du natürlich, fröhlich, freundlich und wirkst interessant, dann macht das Lust auf mehr. Menschen umgeben sich logischerweise am liebsten mit den Menschen, die bei ihnen positive Gefühle hervorrufen und bei denen sie sich beachtet und wichtig fühlen.

Also sorge dafür, dass du einer dieser bereichernden Menschen bist, und verbreite überall, wo du hinkommst, mehr Lebensfreude und Lachen. Sei du eine dieser Frauen, die die Stimmung in einem Raum anheben, sobald sie ihn betreten.

Schweigen ist Silber, Reden ist Gold

Wie kommt es nun aber zum ersten Gespräch?

Im Optimalfall war dein Blickkontakt eindeutig für ihn, er ist Single und hat Interesse an dir. Er wird also deine Nähe suchen. Gib ihm die Möglichkeit, dich anzusprechen, indem du ihm deinen Körper zuwendest – am besten im 45-Grad-Winkel, denn frontal kann zu forsch wirken – und ziehe ganz leicht deine Augenbrauen hoch. Das ist ein körpersprachliches Zeichen, das ihm unterbewusst signalisiert, dass er nun an der Reihe ist, etwas zu sagen.

Wenn du in einem Lokal oder Club bist, dann versuche in Bewegung zu sein. Gehe öfter an ihm vorbei, sei es, dass du auf dem Weg zur Toilette bist oder zur Bar, um einen Drink zu bestellen. Wenn du in seiner Nähe bist, dann bewege dich etwas langsamer als zuvor, er wird dieses Zeichen zumindest unbewusst verstehen. Siehe ihn an und ziehe die Augenbrauen auch jetzt wieder leicht hoch. Und natürlich lächelst du dabei.

Wenn ihr bereits Blickkontakt hattet, er dich mindestens dreimal angesehen und trotzdem nichts gesagt hat, dann solltest du aktiv werden. Es wäre zu schade, wenn ihr nicht miteinander in Kontakt kämet, nur weil keiner von euch beiden weiß, wie er das Gespräch beginnen soll. Wenn du dir sicher bist, dass er Interesse zeigt, dann kannst du auch Initiative zeigen.

Spar dir unbedingt irgendwelche Aufreißsprüche, denn das wirkt nur plump und peinlich. Du hast nur eine Chance für den ersten Eindruck: Nutze sie klug!

Ein ganz normales „Hallo“ reicht oft schon aus, um das Eis zu brechen. Viele Männer können die Signale einer Frau nicht eindeutig zuordnen und sind froh, wenn sie angesprochen werden. Ganz wichtig: Lächle dabei!

Oder mach eine Bemerkung zur aktuellen Situation, wie z. B.: „Spielen die hier diese Art von Musik?“, wenn du in einem Club bist. Im Fitnesscenter lass dir ein Gerät erklären, sag: „Weißt du, wie das funktioniert?“ Beim Einkaufen im Supermarkt bitte ihn, dir etwas aus dem obersten Regal zu holen, oder frag ihn nach seiner Meinung zu Bier: „Welche Sorte schmeckt besser, ich hab heute Lust auf ein Bier.“
Nutze einfach die Gelegenheit, die sich gerade bietet, sei freundlich, lächle und stelle eine Frage, die nicht nur mit „Ja“ oder „Nein“ beantwortet werden kann, sondern bei deren Antwort der Beginn eines Gespräches möglich ist.

Schlagfertigkeit

Nicht jede Frau ist schlagfertig und weiß sofort, wie sie ein Gespräch beginnen könnte. Es ist mir oft genug passiert, dass ich erst 30 Minuten später wusste, was ich alles hätte sagen können. Kennst du das?
Die gute Nachricht: Schlagfertigkeit kann man trainieren, indem man möglichst oft mit unterschiedlichen Menschen spricht. Im Gespräch lernst du automatisch von anderen. Du erhältst neue Informationen, neue Redewendungen und lernst andere Einstellungen kennen.
Wenn du noch nicht schlagfertig genug bist, dann kommuniziere mehr! Nutze die Warteschlange im Supermarkt, die überfüllte U-Bahn oder den Chat im Internet, um mit den unterschiedlichsten, fremden Menschen Small Talk zu führen.

Übung 14: Trainiere deine Kreativität

Diese Übung macht Spaß, und du kannst sie sogar als Gesellschaftsspiel mit Freunden spielen.

Jemand gibt einen Satz vor, wie zum Beispiel: „Rotwein ist gesünder als Bier!" Du musst nun versuchen, 15 verschiedene Gründe zu finden, warum dies stimmt. Die Argumente können der totale Blödsinn sein, das ist egal. Hauptsache ist, dass du 15 unterschiedliche Sätze dazu bildest.

Du kannst diese Übung jederzeit durchführen, wenn du gerade Zeit hast. Solltest du ein konkretes Problem haben, dann finde 15 unterschiedliche Lösungsansätze dafür.

Ein paar Übungsbeispiele:

- Finde 15 verschiedene Sätze, die du zu jemandem sagen könntest, der im Supermarkt vor dir an der Kasse steht und Schokolade eingekauft hat.
- Finde 15 verschiedene Gründe, warum man an einer Bar zuerst bedient wird, wenn man etwas Rotes trägt.
- Finde 15 verschiedene Arten, deinen Beruf darzustellen.

Du wirst bemerken, dass diese Übung anfangs gar nicht so einfach ist. Die meisten Menschen finden gerade einmal zwei bis drei Sätze. Wenn du beim ersten Mal mehr als zehn schaffst, dann bist du bereits äußerst kreativ. Wenn nicht, macht nichts – übe einfach weiter.

Wenn du es gewohnt bist, mit den unterschiedlichsten Menschen zu sprechen, dann wird es dir auch beim Flirten leicht fallen. Meistens ist es nur der erste Satz, der schwierig erscheint, danach läuft das Gespräch in der Regel von selbst. Beginne am besten mit einer allgemeinen Frage, passend zum Ort, an dem ihr euch befindet, die nicht mit „Ja" oder „Nein" beantwortet werden kann.

Beispiele:

- Im Club kannst du ihn fragen, ob er weiß, welche DJs heute noch spielen werden und welche Musikrichtung noch kommt.
- An der Bar fragst du ihn, ob man beim Tequilatrinken zuerst das Salz ableckt und dann trinkt oder andersrum. (Dazu solltest du aber trinkfest sein und einen Tequila bestellt haben.)
- Im Büro fragst du ihn, wie man den Kopierer auf A3 umstellt.

Du kannst ihn sogar fragen, wie spät es ist. Ganz egal, Hauptsache du kommst ins Gespräch. Und denke immer an Körperhaltung, Atmung und ein schönes Lächeln!

Übung 15: Verlasse die Komfortzone

Das ist eine spannende, aufregende Übung:

Lass dir heute drei Telefonnummern von wildfremden Männern geben! Voraussetzung ist: Sie sollen gut aussehen und für dich auch interessant sein. Frage Männer, bei denen du dich normalerweise nicht trauen würdest.

Sag etwas wie Folgendes:

„Entschuldige bitte, dass ich dich anspreche, aber ich habe dich hier gesehen und ich musste einfach Hallo sagen. Wenn ich jetzt weiter gegangen wäre, hätte ich es vielleicht bereut, nichts gesagt zu haben. Ich weiß, es klingt komisch, aber manchmal im Leben muss man etwas wagen, oder? Würdest du mir deine Telefonnummer geben? Du kannst mir auch eine falsche geben, wenn du nicht willst, dass ich dich anrufe. Das klingt jetzt vielleicht ein bisschen ungewöhnlich, aber ich musste einfach fragen!"

Übung 16: Small Talk

Sprich täglich mit mindestens drei fremden Menschen über irgendetwas: Lass dich im Supermarkt beraten, mach jemanden beim Shoppen in der Boutique ein ernst gemeintes Kompliment zu einem Kleidungsstück oder unterhalte dich mit der alten Dame an der Ampel. Sprich die Menschen einfach an, die meisten freuen sich darüber.

**Übung 17:
Bonusübung für ganz besonders Übungsfreudige**

Nur wer seine Komfortzone verlässt, wird sich verändern. Alles, was innerhalb des Gewohnten ist, lässt dich auch gewohnte Ergebnisse erreichen. Bist du bereit für den nächsten Schritt? Bist du mutig?

Heute hast du einen besonderen Auftrag: Sprich mit mindestens einem der Männer, deren Telefonnummer du gestern erobert hast. Ruf ihn jetzt an und trau dich, mit ihm fünf Minuten Small Talk zu führen. Wenn der erste nicht abhebt, dann probiere es beim zweiten. Genieße das Herzklopfen davor und den Stolz und die Entspannung danach!

Rede über irgendetwas, frag ihn etwas oder vereinbare ein Treffen, falls er interessant ist. (Im Notfall kannst du dieses Treffen ja wieder absagen.)

Zurück zum Ziel: Angenommen, ihr seid ins Gespräch gekommen. Wer wen angesprochen hat, ist egal. Jetzt geht es darum, sein Interesse auf mehr zu wecken. Bleibe beim ersten Gespräch geheimnisvoll und erzähle nicht zu viel von dir. Halte deine Antworten knapp und aufs Notwendigste beschränkt. Worüber sprechen fast alle Menschen am liebsten? Über sich selbst! Also stelle deinem männlichen Gegenüber Fragen und lass ihn erzählen. Optimal ist es, wenn er 60 bis 70 Prozent der Zeit gesprochen hat. Außerdem hast du dadurch die Möglichkeit, ihn besser kennenzulernen, und es gibt weniger Gefahr, dass du etwas Falsches sagst.

Körpersprache

Wie bereits erwähnt, basiert der Großteil deiner Wirkung auf deiner Körpersprache. Deshalb beginnen wir damit.
Menschen mögen Menschen, die entweder so sind, wie sie selbst, oder so, wie sie gerne wären. Gerade am Anfang des Kennenlernens versuchen wir, mögliche Gemeinsamkeiten mit dem potenziellen Partner zu entdecken.
Eine Technik, die dafür sorgt, dass sich dein Gegenüber sofort wohl mit dir fühlt, ist das sogenannte „Spiegeln".
Dabei gleichst du deine Körperhaltung der deines Gegenübers an. Dadurch fühlt sich der andere unbewusst sofort verstanden. Natürlich darfst du damit nicht übertreiben, denn sonst bemerkt er es. Spiegle ihn sanft, in leicht abgewandelter Form. Immerhin bist du ja eine Frau und deine Bewegungen sollten weicher und weiblicher sein. Aber beobachte ihn. Wenn er sich zurücklehnt, dann lehne dich auch zurück, wenn er schnell spricht, dann sprich auch schneller. Passe dich in Körperhaltung und Tonalität an dein Gegenüber an, dann wirst du auf jeden Fall als sympathisch erlebt. Bleibe aber trotzdem deiner Meinung und deinen Einstellungen treu.
Anfangs ist es ungewohnt zu spiegeln, aber mit der Zeit wird es dir immer leichterfallen. Normalerweise spiegeln sich Menschen, die verliebt ineinander sind, ganz automatisch. Sie greifen gleichzeitig zum Glas oder beginnen gleichzeitig zu sprechen. Es kann nicht schaden, hier am Anfang ein bisschen nachzuhelfen. Wenn du etwas geübter bist, dann

kannst du sogar einmal probieren, die Atmung eines Menschen zu spiegeln. Das ist die effektivste aller Spiegelarten, erfordert aber Konzentration und Übung.

Übung 18: Harmonie schaffen durch Spiegeln

Suche dir für diese Übung drei Personen aus, von denen dir mindestens eine total fremd sein sollte.

Spiegle ihre Körperhaltung, ihren Gang, die Sprechgeschwindigkeit und Sprechlautstärke und beobachte, wie du dich dabei fühlst und wie sich andere verhalten.

Du kannst dies in einem Lokal machen, indem du jemanden am Nachbartisch spiegelst. Beobachte, was passiert!

Nimm wahr, welche Gefühle bei dir entstehen. Hast du ein Gespür dafür, wie es dem anderen gerade geht oder was er/sie denken könnte? Reagieren die Menschen auf dich?

Spiegle jeden mindestens fünf Minuten lang und schreibe deine Erfahrungen auf!

Das Spiegeln ermöglicht uns auch, feiner wahrzunehmen, wie sich das Gegenüber fühlt, da der emotionale Zustand eines Menschen untrennbar mit seiner Körperhaltung verbunden ist. Man kann mit Worten lügen, jedoch nicht mit seiner Körpersprache.
Woher weißt du nun, ob er noch an dir interessiert ist?
Ein eindeutiges Zeichen sind die Kopfhaltung und der Blick. Wie sieht er dich an? Mustert er dich, wenn du sprichst? Daran, wie er guckt, kannst du einiges ablesen.

- Wie ist seine Körperhaltung: offen oder verschlossen? Lege besonderes Augenmerk auf die untere Körperhälfte. Körperteile, die weiter weg vom Gesicht sind, sind nicht so einfach zu kontrollieren. Somit ist es umso schwieriger, die Körpersprache des Unterkörpers und der Beine zu manipulieren. Wenn er seine Arme verschränkt hat, aber dir seinen Unterkörper zuwendet, dann ist dies ein gutes Zeichen.
- Wie ist sein Mund? Sind die Lippen zusammengepresst oder locker?
- Versucht er dich im Gespräch zu halten oder will er dich loswerden? Achte genau darauf.
- Was tut er, wenn du dich körperlich ein wenig abwendest? Kommt er nach und sucht deine Nähe oder atmet er erleichtert auf?

Wenn nur ein Anzeichen alleine auftritt, dann kannst du nicht sicher auf seine Gefühle schließen. Du weißt ja, Interpretation ist einer der typischen Fehler. Halte Ausschau nach mindestens drei Anzeichen, die gleichzeitig eintreffen, und du kannst dir seiner sicher sein. Normalerweise spürst du ganz gut, ob er sich für dich interessiert, denn er wird versuchen, dir nahe zu sein und dich in ein längeres Gespräch zu verwickeln.
Männer signalisieren oft Interesse, indem sie sich betont lässig geben und versuchen, möglichst viel Raum einzunehmen. Das kann durch breiten Stand sein oder durch weit

ausgebreitete Arme. Manche stemmen die Hände in die Hüften oder setzen sich mit weit gespreizten Beinen hin. Wenn ein Mann über seinen Bart oder über sein Kinn streicht, dann will er dadurch auf seine männliche Gesichtsform, zum Beispiel auf ein breiteres Kinn, hinweisen. Ein leichtes Kopfnicken, hochgezogene Augenbrauen oder leicht geöffnete Lippen sind auch gute Indikatoren für Interesse.

Körper sagen mehr als tausend Worte – männliche Körpersprache

Menschen können mit ihren Worten lügen, jedoch kaum jemand kann seine Körpersprache bewusst steuern. Je mehr man(n) darauf konzentriert ist, was und wie er sagt, desto weniger bekommt er mit, was seine Haltung aussagt. Worauf kannst du schauen und woran merkst du, ob er wirklich Interesse hat?
Hier ein paar wichtige Punkte:

Oberkörper und Schultern sind dir zugewandt, auch wenn er gerade mit jemandem anderen spricht

Dorthin, wohin der Oberkörper eines Mannes zeigt, findet sich in dem Moment die für ihn wichtigste/interessanteste Sache im Raum.

Er sieht dir in die Augen

Eigentlich ein gutes Zeichen. Aber Vorsicht, wenn der Blickkontakt seinerseits länger als fünf Sekunden andauert, dann kannst du davon ausgehen, dass er dich nur ins Bett bekommen will. Denn so ein langer Blickkontakt ist unnatürlich. Wenn er dich wirklich interessant findet, dann wird er schneller wegsehen, aber dafür öfter wieder hinsehen.

Das halbe Lächeln

Wenn das Lächeln asymmetrisch ist, also eine Gesichtshälfte sich von der anderen unterscheidet, dann meint er es wahrscheinlich nicht ernst mit dir. Zumindest in dem Moment noch nicht. (Wenn du das Buch zu Ende gelesen hat, weißt du, wie du das ganz schnell ändern kannst …)

Er zieht die Augenbrauen hoch

Das ist ein gutes Zeichen. Wenn ein Mann eine Frau sieht, die ihm gefällt, dann wird er automatisch die Augenbrauen hochziehen und die Stirn runzeln. Diesen Reflex kann er nicht kontrollieren. Um das zu bemerken, musst du aber genau hinsehen, denn dieser Zugangshinweis tritt in den ersten Sekunden auf und ist ganz schnell wieder weg, sobald er beginnt seine Emotionen zu kontrollieren (oder es zu versuchen).

Er berührt seinen Gürtel oder hat die Hände in seinen Hosentaschen

Rate mal, worauf er damit deine Aufmerksamkeit lenken will.

Seine Beine sind gespreizt und die Hüfte zeigt in deine Richtung

Sehr gutes Zeichen! Menschen können ihre Mimik kontrollieren und wenn sie sich bemühen, auch ihren Oberkörper. Ich habe es ja oben schon kurz beschrieben: Je weiter weg vom Gesicht ein Körperteil ist, umso unbewusster und umso schwerer kontrollierbar ist er. Steht er mit gespreizten Beinen da und sein Becken zeigt in deine Richtung? Gewonnen!

Seine Zehenspitzen zeigen zueinander

Wenn seine Zehenspitzen beim Sitzen oder Stehen zueinander zeigen, dann ist das ein Zeichen von Nervosität und Unsicherheit. Das heißt, du machst ihn nervös.

Leichtes Grinsen mit geschlossenem Mund

Wenn nur seine Mundwinkel ganz leicht nach oben zeigen und das Lächeln sehr verhalten ist, dann mag er dich zwar, aber er will nicht zu schnell zu weit gehen und ist eher vorsichtig. Es kann aber auch bedeuten, dass er schüchtern ist.

Er legt seinen Kopf leicht auf die Seite

Das ist ein unterbewusstes Signal, das jeder Mann aussendet, wenn er eine Frau sieht, für die er Gefühle hat. Bei diesem Anzeichen kannst du dir sicher sein!

Es kann sehr spannend sein, Körpersprache zu beobachten. Den meisten Menschen ist nicht bewusst, wie viel sie dadurch über sich verraten. Wer genau hinsieht, kann sich so manche Abfuhr ersparen.

Übung 19: Körpersprache lesen lernen

Beobachte heute Pärchen im Umgang miteinander. Am leichtesten geht dies in Restaurants oder in einem öffentlichen Verkehrsmittel. Achte auf ihre Mimik und Körperhaltung. Analysiere, ob der Mann der Frau zugetan oder er von ihr genervt ist, und beachte die Details seiner Körperhaltung. Man kann sehr viel durch Beobachtung anderer lernen.

- Wenn du die beiden miteinander siehst, was denkst du?
- Wie lange sind sie wohl schon zusammen?
- Haben sie Kinder?
- Wer von den beiden hat die Hosen an?
- Haben sie wohl viel Streit oder gehen sie liebevoll miteinander um?
- Sind die Ober- und Unterkörper aufeinander zugerichtet oder nur ein Körperteil von beiden?
- Spiegeln sie einander unbewusst oder sind sie konträr?
- Ist einer von beiden zu aufdringlich oder zu abweisend?
- Frage dich auch: Durch welche Veränderungen könnten sich die beiden miteinander wohlerfühlen?

Beobachte mindestens zwei Pärchen. Notiere deine Erfahrungen.

Phase 3: Sehen wir uns wieder?

Das erste Gespräch sollte nicht zu lang sein. Je nachdem, wo ihr euch kennenlernt, kann es zwischen zwei Minuten bis zu maximal 30 Minuten dauern.

Es ist besser, wenn du die Zeit kurz hältst, um seinen Jagdtrieb ein wenig anzukurbeln und ihn neugierig zurückzulassen. Auch wenn du den restlichen Tag Zeit hättest und ihn gerne mit ihm verbringen würdest, sag, dass du etwas vorhast und jetzt zu einem Termin musst.

Damit er aber auch genug Zeit hat, um dich nach deiner Nummer zu fragen, signalisiere schon einige Minuten vorher, dass du gleich gehen wirst. Das tust du, indem du beginnst, dich leicht abzuwenden, auf die Uhr oder das Handy zu schauen und ein wenig schneller zu sprechen. Wenn du dein Mobiltelefon in die Hand nimmst, um die Uhrzeit abzulesen, so wird er dadurch daran erinnert, dass er deine Nummer noch nicht hat.

Du sagst also, dass du gehen musst und dass es nett war, ihn kennenzulernen. Dabei hebst du deine Augenbrauen hoch und siehst ihn mit einem Lächeln an.

Wenn er da nicht nach deiner Nummer fragt, kannst du die Verabschiedung noch ein wenig hinauszögern. Sollte er aber dann immer noch nicht fragen, dann hat das zwei mögliche Gründe:

1. Er hat eine Freundin und
2. er interessiert sich nicht weiter für dich.

Ein Mann wird dich fragen, wenn er Kontakt zu dir haben möchte. Sei aufmerksam und lies die Zeichen. Ja, es gibt sehr schüchterne Männer. Doch sogar die trauen sich, nach deiner Nummer zu fragen, wenn du so offensichtliche Zeichen gibst.

Nervosität in freudige Aufregung verwandeln

Gerade in den ersten Minuten, in denen sich entscheidet, ob es zu einem weiteren Treffen kommen wird, sind viele Menschen so aufgeregt oder unsicher, dass sie bei ihrem Gegenüber einen negativen Eindruck hinterlassen.
Das passiert den meisten, wenn sie einem „Neuner" oder einem „Zehner" gegenüberstehen. Frauen fällt es in der Regel leicht, mit Männern, die für sie nicht als Partner infrage kommen, lockere, entspannte Gespräche zu führen. Ist das Gegenüber jedoch wirklich attraktiv und interessant, dann kann es schon mal passieren, dass einem nichts mehr einfällt oder man vor lauter Aufregung nur noch zusammenhangslose Worte von sich gibt.
Natürlich ist auch das Übungssache. Allerdings kannst du mit ein paar Tricks ganz einfach nachhelfen. Denn wie du schon weißt, ist unser Unterbewusstsein programmierbar. Deine Körperhaltung und deine Atmung haben einen gravierenden Einfluss auf deine momentane Stimmung und du kannst beides beeinflussen, indem du dich in eine Position bringst, in der du dich sicher und entspannt fühlst. Aber genauso wichtig ist dein innerer Fokus. Worauf lenkst

du deine Aufmerksamkeit? Was sagst du dir innerlich? Welche Szenarien gehen dir durch den Kopf?
Wenn du jedes Mal beim Anblick eines interessanten Mannes Schweißausbrüche, Herzrasen und einen roten Kopf bekommst, dann bedeutet das, dass du einen „Trigger“ hast, also einen Reizauslöser, der eine bestimmte Reaktion bei dir auslöst, der negativ besetzt ist und dich beim Erreichen deiner Träume behindert. Jeder Mensch ist vielen solcher Trigger ausgesetzt. Du kennst das bestimmt: Du hörst ein bestimmtes Lied und sofort erinnerst du dich an bestimmte Erlebnisse und Gefühle. Verliebte haben oft „ihr“ Lied, bei dem sie sich zum ersten Mal geküsst oder zum ersten Mal miteinander getanzt haben. Oder es kann auch ein bestimmter Geruch sein, wie zum Beispiel Zimt, der fast jeden Menschen an Weihnachten erinnert.
Diese Trigger oder Reize (in der Fachsprache Anker) kann man selbst beeinflussen. Beim bewussten Setzen eines Ankers verknüpft man einen externen Reiz – wie zum Beispiel das Drücken eines Fingers, eines Punktes am Arm oder das Aussprechen eines Wortes – mit einer Emotion. Das gewünschte Gefühl kannst du zuerst durch das Erinnern an eine bereits dagewesene Situation wiederherstellen. Das Ankersetzen ist eine selbst gewählte Konditionierung. Dein Anker wird mit jeder Wiederholung stärker.
Anker kann man sich jederzeit selbst setzen. Dazu gibt es viele verschiedene Möglichkeiten. In meinen Workshops entwickeln die Teilnehmerinnen viele kreative Ideen, um

Anker zu setzen. Eine Teilnehmerin, Karola, hatte sich das Gefühl von Lebensfreude verankert, indem sie sich an ihrem Handy jede Stunde einen Alarm eingestellt hatte, und sobald sie diesen Ton hörte, richtete sie ihre Körperhaltung auf, lachte über das ganze Gesicht und sagte sich innerlich: Ich bin eine großartige Frau. Nach dem dritten Tag, und sie hatte es wirklich stündlich wiederholt, lachte sie bereits zwischen den Alarmen, hatte eine aufrechte Körperhaltung und sah unglaublich gut und selbstbewusst aus. Nur der Gedanke an den Ton machte sie glücklich. Das ist eine erfolgreiche Konditionierung.

Meine Klientin Sarah setzte sich einen Anker, indem sie sich bewusst jeden Tag 20 Minuten Zeit nahm, sich an all die Situationen erinnerte, für die sie dankbar war und die sie glücklich machten, und in dem Moment, in dem das Gefühl am stärksten wurde, einfach ihre rechte Hand auf ihr Herz legte. Somit verknüpfte sie Dankbarkeit und Glück mit einer Berührung. Jedes Mal wenn sie jetzt ihre Hand dorthin legt, durchströmt sie das Gefühl von Dankbarkeit und sie fühlt sich sofort wohl.

Klingt magisch? Ja, das ist es auch. Das Beste daran ist, dass du dir alle Gefühle herholen kannst, die du möchtest. In meinem „Webinar" auf meiner Website gibt es auch eine genaue Anleitung dazu.

Gerade kein Computer in der Nähe? Macht nichts, denn in der nächsten Übung findest du die genaue Schritt-für-Schritt-Anleitung zum Ankersetzen. Überlege dir vorher eine Körperstelle, an der du durch leichte Berührung den Höhepunkt der Gefühle verankern möchtest, wie z. B. das Drücken an einem Finger oder eine Berührung am Handgelenk, und probiere es einfach aus!

Übung 20: Lenke deinen Fokus

Was ist das bestmögliche Resultat eines ersten Gesprächs zwischen dir und deinem potenziellen Traummann? Stell dir ganz genau in allen Einzelheiten vor, wie du dich kurz danach im allerbesten Fall fühlen würdest. Wie wäre deine Körperhaltung, deine Mimik, was würdest du dir denken, was würdest du dir selbst sagen?

Jetzt erinnere dich an eine Situation in deinem Leben, in der du dich genauso gut und so positiv aufgeregt gefühlt hast.

Geh in deiner Erinnerung zurück zu dieser Situation und erlebe sie durch deine eigenen Augen noch einmal. Sieh, was du damals gesehen hast, höre, was du damals gehört hast, spüre deinen Körper genauso wie in der Situation, rieche und schmecke dasselbe wie damals.

Lass das Gefühl immer stärker und stärker werden. Kurz vor dem absoluten Höhepunkt der Emotion setze deinen Anker, indem du z. B. den kleinen Finger drückst.

Nun steh kurz auf und sieh dich im Raum um. Teste nun deinen Anker. Drücke die Stelle noch einmal und erlebe deine positiven Emotionen noch einmal.

Um den Anker zu verstärken, wiederhole die Schritte noch drei- bis fünfmal.

Die Technik des Ankerns kannst du für jede Gelegenheit nutzen. Experimentiere damit! Gibt es Situationen, in denen du gerne mehr deiner positiven Ressourcen nutzen möchtest? Ich habe in den letzten Jahren viele Anker gesetzt und somit einige neue Konditionierungen, also das Auslösen von bestimmten Reaktionen, geschaffen. Irgendwann vergisst du sogar, den Anker bewusst auszulösen, da die Situation an sich der Trigger wird. Wenn du also bei mehreren Flirtgesprächen deinen Anker für Selbstsicherheit ausgelöst hast und die Situationen dadurch jedes Mal sehr gut für dich gelaufen sind, dann wird jedes weitere Treffen mit einem attraktiven Mann bei dir Selbstsicherheit auslösen, da es so in deinem Unterbewusstsein abgespeichert wurde. Praktisch, oder?

Phase 4: Er meldet sich

Ja, du hast richtig gelesen! Er meldet sich. Außer, ihr habt vereinbart, dass du ihn aus irgendeinem Grund anrufst.

Auf keinen Fall telefoniere ihm hinterher und schreib auch keine SMS. Erinnere dich daran, du bist die Göttin, das Topmodel, du hast Ausstrahlung, Charisma und bist etwas ganz Besonderes. Wenn das erste Treffen gut gelaufen ist, dann wird er sich melden.

Manche Männer melden sich gleich wenige Stunden nach dem Kennenlernen, andere erst eine Woche später. Aber wenn er Interesse an dir hat, dann wird er sich melden.

Was ist der Unterschied zwischen einem Designerkleidungsstück und einem billigen Produkt von der Stange? Das Designerstück ist limitiert, außergewöhnlich teuer und von hoher Qualität. Das billige Produkt wird dir nachgeworfen, es wird überall Werbung dafür gemacht und nach dem fünften Waschgang ist es ruiniert.

Kein Gucci- oder Versace-Verkäufer läuft dir hinterher und versucht dir ein Kleid aufzuschwatzen. Denen ist es egal, ob du es kaufst oder nicht, denn es gibt genug andere, die es auch haben wollen. Und genauso wenig musst du einem Mann hinterherlaufen: Wenn er dich nicht will, Pech für ihn!

Dazu eine kleine Parabel, die mir eine Freundin erzählt hat: Ein Jäger lebt mit seiner Frau in einem kleinen Häuschen am Waldrand. Jeden Tag um vier Uhr morgens läutet sein Wecker, und so auch an diesem Tag. Er wacht auf, stellt den Wecker ab und sieht seine schlafende Frau an. Sie wird erst später aufstehen, vielleicht ist er dann schon mit einem erlegten Wild zurück. Draußen ist es noch dunkel, und man hört eine junge Eule rufen. Langsam spürt der Jäger seine Lebensgeister erwachen, er kann den Geruch des Waldes bei Nacht schon förmlich riechen. Er steht auf und geht leise ins Badezimmer, um sich sein Gesicht mit eiskaltem Wasser zu waschen. Dabei sieht er in den Spiegel, und er weiß, heute wird es ein ganz besonderer Morgen werden. Es ist Frühling, und die Tiere sind wieder aktiver. Er spürt das Adrenalin in seinem Körper und genießt die freudige Aufregung. Nachdem er sich fertig angezogen hat – er trägt seine Jagdhose, den teuren Lodenmantel und seinen Hut –, holt er sein Gewehr aus dem Schrank. Diese Waffe hat er am Vorabend feinsäuberlich geputzt. Er hütet sie wie einen Schatz, da er sie von seinem Vater geerbt hat, der auch schon Jäger war – so wie sein Großvater und all die Männer davor in seiner Familie. Mit der Waffe in der Hand und aufrechter Körperhaltung ruft er seinen Jagdhund, der freudig wedelnd von seinem Platz hinter dem Ofen aufspringt und zu ihm läuft. Der Jäger ist aufgeregt und geht in Gedanken schon den heutigen Morgen im Wald durch: den Geruch von feuchtem Moos, das Rufen der Eule, vielleicht wird er ein Tier vorbeihuschen sehen, möglicherweise sieht er einen Hasen und wenn er Glück hat, dann kommt dieses eine Reh wieder, das er schon eine Zeitlang beobachtet. Dieses Reh ist etwas ganz Besonderes, er hat selten so ein schönes Reh gesehen. Er spürt, wie er immer aufgeregter wird, seine Müdigkeit ist vollkommen verflogen, und er freut sich darauf, jetzt hinaus in den Wald zu gehen. Mit seinem Hund an der Leine geht er zur Haustür, öffnet sie, geht den Weg zur Gartentür mit aktivem, energetischen Gang – und sieht es plötzlich: Da liegt das Reh, bereits tot. Jemand anderes hat es schon für ihn erlegt. Die Enttäuschung des Jägers ist groß.

Die Männer sind heutzutage, auch wenn sie noch so zivilisiert und intellektuell sind, im Herzen immer noch Jäger. Außerdem fürchten sie nichts mehr als bedürftige oder aufdringliche Frauen. Wenn du dich ihm schon erlegt vor die Füße wirfst, dann nimmst du euch beiden das aufregende Spiel des Flirts. Also halte durch, bis er sich meldet. Wenn er sich länger als eine Woche Zeit lässt, dann ist sein Interesse wahrscheinlich zu gering. Vergiss ihn und such dir ein neues Ziel! Der Nächste, bitte!

Regeln für SMS

Er meldet sich per SMS! Dein emotionaler Zustand ändert sich sofort, du könntest Freudensprünge machen und willst direkt antworten. Stopp! Langsam! Lass ihn ruhig ein bisschen warten. Antworte frühestens 30 Minuten später. Du kannst ihn auch mehrere Stunden warten lassen und dann antworten. Auch hier gilt: Spiegle seine Kommunikation. Wenn er dich fragt, wie es dir geht, dann antworte nur darauf und frage zurück. Frage nicht von dir aus nach einem weiteren Date, lass ihn den ersten Schritt machen. Achte aber darauf, dass die Kommunikation im Fluss bleibt, indem du ihm immer wieder Fragen zurück stellst. Halte dich kurz, wenn er sich kurz hält, und schreibe länger und ausführlicher, wenn er es tut. So läufst du nicht Gefahr zu viel oder zu wenig zu geben.

Regeln fürs Telefon

Sollte er sich telefonisch bei dir melden, gilt natürlich dasselbe: Spiegle seine Sprache, seine Tonalität und sein Sprachtempo. Höre genau hin und sei mit deiner Aufmerksamkeit bei ihm. Menschen lieben es, wenn man ihnen richtig zuhört. Du kommst am anderen Ende des Telefons besser an, wenn du in einer aufrechten, selbstsicheren Körperhaltung bist, leicht nach oben siehst und lächelst. Deine Stimme verändert sich tatsächlich durch deine Körperhaltung! Halte das Telefonat möglichst kurz. Sag nach kurzer Zeit freundlich, aber bestimmt, dass du jetzt los musst. Das Prinzip ist: zwei Schritte nach vorne und ein Schritt zurück. Sollte er dich nach einem Date fragen, dann mach dich ein wenig rar. Sag zu und gib ihm zwei Termine zur Auswahl in frühestens drei Tagen. Schlage am besten auch keine Wochenenden vor, sondern einen Tag unter der Woche. Deine Wochenenden muss man sich erst verdienen! Immerhin bist du beschäftigt, du hast einen Freundeskreis, deine Hobbys und brauchst zwischendurch auch ein wenig Zeit für dich. Nur wer alleine glücklich sein kann, der kann es auch zu zweit!

Übung 21: Spiegle die Sprache

Diese Übung kannst du überall und mit jedem machen. Egal ob Arbeitskollege, Supermarktkassierer oder beste Freundin: Spiegle die Sprache deines Gegenübers. Passe dich in Tonalität, Lautstärke und Geschwindigkeit an. Du kannst auch gleiche oder ähnliche Ausdrucksweisen wie dein Gesprächspartner wählen und so automatisch Harmonie herstellen. Achte darauf, wie Menschen dabei auf dich reagieren!

Phase 5: Das erste offizielle Date

Jetzt ist es soweit, ihr habt euer erstes offizielles Date. Du überlegst vielleicht schon Stunden vorher, was du anziehen sollst und wie du deine Haare stylst. Wichtig ist, dass du dich wohlfühlst und dabei so weiblich bist wie möglich. Das heißt nicht, dass jede Frau mit High Heels und Kleid zum Date gehen sollte, aber mach das Beste aus deinem Typ. Wenn du eher die Sportliche bist, mit Jeans und Turnschuhen, dann probier's mit einem schönen Lippenstift oder Ohrringen. Männer lieben weibliche Frauen, egal ob in Jeans oder Kleid – Hauptsache sie ist feminin.

Falls du Lust auf ein neues Styling hast, dann such dir im Internet Fotos deines Lieblingsstars heraus und kopiere den Stil. Trau dich ruhig einmal, etwas Neues auszuprobieren und dich zu verändern.

Wenn du zum Date gehst, sei bitte nicht überpünktlich. Wenn du nämlich zu früh dort bist und auf ihn warten musst, dann wirst du leichter nervös. Setze dir vorher einen Selbstsicherheitsanker, visualisiere den optimalen Ausgang des Treffens und nimm eine positive Körperhaltung ein.

Beim Date selbst gilt: Trink so wenig Alkohol wie möglich! Viele Menschen brauchen anfangs ein Glas Wein, um locker zu werden. Das ist ganz o.k., aber bitte trink nicht gleich die ganze Flasche. Betrunken neigt man dazu, über persönliche Grenzen zu gehen, Dinge zu erzählen, die man eigentlich niemandem sagen sollte, und viel zu schnell körperliche Nähe zuzulassen. Wenn du beim ersten Date Sex hast, dann sinkt deine Chance auf eine Beziehung mit diesem Mann um etwa 66 Prozent. Natürlich gibt es auch One-Night-Stands, die zu Beziehungen werden. Aber sicherer ist es, wenn du dir Zeit lässt. Außerdem kann es sehr aufregend und prickelnd für beide sein, wenn sie ein wenig aufeinander warten müssen. Frag einmal Männer in deinem Bekanntenkreis, was sie von Frauen halten, die gleich mit ihnen ins Bett gehen. Ein Freund von mir sagt ehrlich und offen, dass er froh darüber ist, dass es sie gibt, denn sonst käme er ja nie zu unverbindlichem Sex.

Dein Körper ist etwas Besonderes und deine Sexualität ist heilig, also spare dich auf, bis du ihm wirklich vertraust. Frauen sind am stärksten enttäuscht, wenn sie nach der ersten Nacht einfach stehengelassen werden. Deshalb: Bestell zwischendurch mal etwas Alkoholfreies.

Natürlich gilt wieder: Spiegle dein Gegenüber so gut es geht und lies seine Körpersprache. Deine persönliche Meinung passe aber niemals an ihn an! Stehe zu dem, was du denkst, mache nicht den Fehler, eine „Ja-Sagerin“ zu werden. Manche Frauen tun das, weil sie denken, dass sie dadurch Harmonie herstellen. Das funktioniert so nicht, im Gegenteil, sie werden eher als langweilig oder willensschwach wahrgenommen. Sage deine Meinung, auch wenn sie konträr ist, und spiegle dafür die Körperhaltung. Du wirst sehen, dass du dadurch an Selbstbewusstsein gewinnst und deine Verabredung viel besser verläuft.

Der Zeitfaktor

Nein, du solltest dir nicht fünf Stunden Zeit für das Date nehmen. Zwei Stunden sind genug. Danach musst du weg, weil du einen Termin hast oder morgen früh raus musst – egal, was es ist, es ist jedenfalls wichtig.
Man soll immer dann gehen, wenn es am schönsten ist. Warum das sinnvoll ist? Ein Mensch erinnert sich am stärksten an die ersten und letzten Momente einer Begebenheit. Wenn du gehst, wenn es am schönsten ist, dann wird er dieses positive Gefühl mit dir verbinden.
Körperkontakt beim ersten Date? Eher mäßig. Kleine, zufällige Berührungen erzeugen Spannung und machen Lust auf mehr. Wenn er dich zum Abschied küsst, dann genieße es, aber mach dich dann auf den Heimweg. Lass dich nicht auf mehr ein, spare mit Körperlichkeiten und zeig ihm, dass er sich mehr um dich bemühen muss. Zeig ihm, dass du ihn magst, aber lass ihn ein wenig zappeln.
Vielleicht fragt er dich, wann ihr euch wiedersehen könnt. Dann gib ihm ein weiteres Date unter der Woche, aber wieder erst in frühestens drei Tagen. Falls er dich nicht fragt, dann frag du auch nicht! Lass ihn kommen.
No-Go fürs erste Date: der Expartner. Rede nie, aber wirklich niemals über deinen Ex! Bitte! Selbst wenn er fragt, dann sage etwas Neutrales wie z. B. „Es hat nicht gepasst" und wechsle das Thema. Wenn du über andere Menschen sprichst, dann bleib respektvoll und positiv. Die Schmutzwäsche kannst du mit deiner besten Freundin waschen,

die interessiert sich nämlich im Vergleich zu deinem Date wirklich dafür. Es gilt wie immer: Lass ihm mindestens 60 Prozent der Sprechzeit und texte ihn nicht zu. Erzähle lustige, positive Geschichten und wenn er etwas erzählt, dann frage nach und interessiere dich dafür, anstatt sofort mit deiner eigenen Story zu kontern.
Viele Frauen laufen auch Gefahr an der „ER-IST-ES-itis" zu erkranken. Das heißt, du triffst einen Mann, der ganz gut zu dir passt, ihr versteht euch blendend und du kennst ihn kaum, bist dir aber sicher, er ist es. Er und nur er. Kein anderer Mann ist so toll und du hast dein Leben lang auf ihn gewartet. Du weißt es und alle deine Freundinnen wissen es auch schon. Der Prinz ist auf dem weißen Pferd dahergeritten gekommen und du kannst vor lauter Aufregung nicht mehr schlafen und malst dir schon die gemeinsame Zukunft aus. Bloß: Er weiß nichts davon. Er hat keine Ahnung. Er hat eine nette Frau kennengelernt, die er interessant findet. Mehr nicht. Ende der Durchsage. Diese tolle Frau, die anfangs so geheimnisvoll und aufregend war, wirft sich ihm plötzlich an den Hals, himmelt ihn an oder zeigt schon viel zu viel Interesse. Vielleicht sagt sie ihm auch noch, dass er „der Einzige" ist. Da geht bereits der Alarm im Männerhirn los, er wittert eine bedürftige, anstrengende Frau und wundert sich, was aus der geheimnisvollen Schönheit über Nacht geworden ist. Nun ja, sie ist krank, sie hat die „ER-IST-ES-itis".

Dagegen gibt es nur ein Heilmittel und das sollte am besten vorbeugend eingenommen werden: die „ES-GIBT-VIELE-TOLLE-MÄNNER-Impfung". Triff dich mit mehreren, auch wenn du einen Favoriten hast. Stürz dich nicht in etwas hinein, warte lieber ab und lerne ihn in Ruhe kennen. Weißt du, wann er es wirklich ist? Wenn er mit roten Rosen und einem Ring vor dir kniet. Dann kannst du ausflippen. Bis dahin gehe es mal ruhig an, gerade ganz am Anfang, wenn ihr noch nicht zusammen seid. Lerne andere Männer kennen, triff dich mit ihnen, habe Spaß dabei, einfach nur zu schauen! Wenn du shoppen gehst, dann gehst du ja auch gemütlich durch die Einkaufsstraße und schaust mal in dieses, mal in jenes Auslagenfenster, probierst hier ein Kleid und dort ein Paar Schuhe. Oder läufst du in ein Geschäft, reißt ein Kleid von der Stange und schreist: „Das ist es und ich will nichts anderes!" und deine Shoppingtour, auf die du dich die ganze Woche gefreut hast, ist zu Ende? Nee, oder?

Also mal langsam und gemütlich, lass dir und ihm Zeit, wirklich herauszufinden, ob ihr zueinanderpasst. Und vor allem: Sieh dich um, ob nicht auch andere Kandidaten geeignet wären. Mal ein Kaffee hier und ein Mittagessen da haben noch keinem geschadet. Auch wenn ER es ist, du machst dich dadurch auch ein Stück unabhängiger und interessanter, weil du dich begehrt fühlst, auch wenn er mal keine Zeit hat. Außerdem hast du immer einen Plan B, falls er einmal ein Treffen absagt.

Übung 22: Datingmarathon

Übung macht den Meister. Versuche in den nächsten zwei Wochen mindestens fünf erste Dates zu absolvieren. Es ist ganz egal, wie er aussieht, er kann zu alt, zu jung, zu hässlich oder zu dick sein, Hauptsache du hast eine Verabredung mit jemandem, den du kaum kennst. Der Vorteil dieser Übung ist, dass du wesentlich lockerer in das Date gehst als bei einem potenziellen Partner und dich daher viel besser auf die Technik des Spiegelns konzentrieren kannst. Sorge dafür, dass dein Gegenüber sich wohlfühlt, bring diesem Mann Respekt und Aufmerksamkeit entgegen, verschönere seinen Tag und sorge dafür, dass er sich nach dem Treffen mit dir besser fühlt als zuvor.

Natürlich kannst du nicht heute schon alle fünf Männer treffen. Aber du kannst heute das erste Date ausmachen. Wen könntest du anrufen? Gibt es einen Arbeitskollegen, Nachbarn oder jemanden aus dem Freundeskreis, der Single ist?

Heute sollst du zumindest eines dieser Dates fixieren!

Wenn du dann ein Date mit einem für dich interessanten Mann hast, wirst du schon viel geübter und lockerer sein. Es kann auch passieren, dass sich ein anfangs uninteressanter Partner als Prinz entpuppt. Dein Selbstbewusstsein wird automatisch wachsen und du wirst flexibler mit den verschiedenen Männertypen umgehen lernen.

Übung 23: Spaß und Lebensfreude – jetzt!

Denke an etwas, dass du sehr gerne tust. Etwas, das dir Spaß und Freude macht.

Wenn du daran denkst, welche Bilder tauchen vor deinem inneren Auge auf? Was kannst du sehen? Wie groß ist dieses Bild? Welche Farben hat es? Kannst du etwas hören oder ist da Stille? Siehst du dich selbst von außen oder erlebst du es durch deine eigenen Augen? Beschreibe das Bild möglichst genau und auch all seine Eigenschaften (Farbe, Größe, Entfernung von dir, Geräusche, Bewegung, Intensität ...).

Und nun verstärke deine positiven Gefühle, die durch das Bild ausgelöst werden. Das kannst du tun, indem du dir vorstellst, dass du an imaginären Reglern drehst und das Bild größer, heller, farbiger und intensiver machst. Verändere all die Eigenschaften des Bildes so, dass es dir noch mehr Freude macht, daran zu denken.

Nimm wahr, wie das Gefühl der Lebensfreude durch deinen Körper zirkuliert. Wenn das Gefühl eine Farbe oder ein Aussehen hätte, was wäre das dann?

Nun denk an deinen ganz normalen Alltag und an all die Dinge, die dir weniger Freude bereiten. Lass dabei das Gefühl von vorhin weiter durch deinen Körper zirkulieren und immer stärker und schneller werden. Immer mehr und mehr. Welche Veränderung bemerkst du jetzt im Bezug auf deine Emotionen?

Verwende diese Technik immer dann, wenn du heute oder in Zukunft bemerkst, dass du gerne fröhlicher und glücklicher wärst.

Phase 6: Die Dates zwei bis fünf

Die ersten fünf Phasen waren erfolgreich, er will dich wiedersehen und auch du findest ihn noch immer interessant. Soweit, so gut.
Trotzdem heißt es immer noch vorsichtig sein, denn noch ist er nicht dein fester Freund. In der Phase 6 entscheidet sich häufig, ob es weitergeht mit euch – oder nicht. Jetzt lernt ihr euch näher kennen und verbringt mehr Zeit miteinander. Die große Aufregung vom ersten Date hat sich gelegt, und es ist eine unausgesprochene Frage, wie es jetzt weitergeht.
Will er eine Beziehung oder nicht? Frag ihn bloß nicht! Äußere dich zu diesem Thema erst, wenn er damit beginnt. Wer so früh eine fixe Beziehung in Betracht zieht, der zeigt damit, dass er bedürftig und unsicher ist und genau das schreckt Männer wie auch Frauen ab. Keine selbstbewusste, glückliche Frau will sich so schnell festlegen.
Außerdem nimmt das Sprechen über die Beziehung dem Ganzen ein bisschen den Zauber. Lass es sich doch einfach entwickeln. Auch wenn du deine Schritte planst und auf etwas Fixes aus bist, heißt das nicht, dass du es zerreden sollst. Flirten soll etwas Spielerisches bleiben!
Beim zweiten Date kennst du ihn schon ein wenig und die Kommunikation wird leichter verlaufen als beim ersten Mal. Man kann an Dinge anknüpfen, die man beim letzten Mal besprochen hat, und jetzt auch etwas Persönlicheres

von sich erzählen. Trotzdem: nach wie vor keine Exfreundgeschichten oder welche über deine traurigsten Weihnachten. Stattdessen präsentiere dich als Mensch, zeige ihm, wer du bist, und sprich über Dinge, die dir wichtig sind. Demonstriere deinen Wert! Was ist das Besondere an dir als Frau? Was macht dich so einzigartig? Es ist wichtig, dich selbst zu kennen und zu wissen, wodurch du einen anderen Menschen bereicherst. Auch wenn du ein paar feine Tricks anwendest, um ihn zu verführen: In einer Beziehung soll es trotzdem um einen Ausgleich zwischen Geben und Nehmen gehen. Wer nichts zu geben hat, sondern nur nimmt, der wird über kurz oder lang sehr einsam sein. Wer nur gibt, aber nichts vom anderen nehmen kann, der wird sich ausbrennen und alleine fühlen. Schon bei den ersten Dates kannst du auf ein Gleichgewicht zwischen Geben und Nehmen achten!

Wenn ich sage, dass du mit deiner Sexualität achtsam umgehen solltest, wenn dir wirklich etwas an ihm liegt, dann meine ich damit nicht, dass du kalt und abweisend sein sollst. Ganz und gar nicht. Sei verspielt und sexy, spiele mit deinem Augenaufschlag und berühre ihn zwischendurch. Auch so kannst du ihm zeigen, dass du etwas von ihm willst ...

Du kannst ernst gemeinte Komplimente machen, wenn dir etwas Besonderes auffällt. Trotzdem denke daran, ihr seid erst in der Anfangsphase. Du bist eine wertvolle, wunderbare Frau und du testest ihn, ob er auch wirklich zu dir passt. Bleibe in deiner selbstbewussten Körperhaltung und achte auf deinen Fokus. Bist du im Hier und Jetzt oder denkst du schon an eine gemeinsame Zukunft?

Übung 24: Beeinflusse das Resultat

Stelle dir vor dem Date folgende drei Fragen und beantworte sie am besten schriftlich:

1. Was soll am Ende dieser Verabredung sein? (Beschreibe das Resultat ganz genau: Wie wirst du dich fühlen? Was wirst du denken? Was wird er gesagt haben? Was wird geschehen sein? Wie weit wirst du körperlich gehen? ...)
2. Warum willst du, dass genau dieses Szenario aus Punkt 1 Eintritt?
3. Was kannst du tun, damit es so abläuft? (Erstelle dir einen ungefähren Plan, was du tun, was du unbedingt unterlassen solltest.)

Visualisiere vor und während des Dates immer das positive Resultat, das du dir aufgeschrieben hast.

Du wirst staunen, Visualisierungen können wie Magie wirken! Wenn du deinen Fokus auf ein bestimmtes Ergebnis richtest, dann werden deine Handlungen automatisch in Richtung dieses Zieles gehen. Die Energie folgt der Aufmerksamkeit, heißt es in vielen spirituellen Lehren. Das stimmt! Teste es!

Je besser und detaillierter du dir etwas vorstellen kannst, umso eher wirst du es erreichen. Das gilt natürlich nicht nur für das Flirten und Kennenlernen, sondern kann auf jede Art von Zielerreichung angewandt werden.

Übung 25: „The Work“ von Byron Katie

Es ist nicht die Realität, die uns weh tut,
sondern unsere Gedanken über die Bedeutung der Realität.
(Byron Katie)

Byron Katie, die Autorin vieler großartiger Selbsthilfebücher und Begründerin der verhaltenstherapeutischen Methode „The Work“, hat eine einfache, aber unglaublich effektive Fragetechnik entwickelt, die jeder sofort ohne Vorwissen anwenden kann und die eine der stärksten Methoden ist, die mir bekannt sind, um einschränkende Glaubenssätze zu transformieren.

Notiere dir zehn Aussagen über dich selbst zum Thema Beziehung. Sei dabei nicht überlegt, weise, erwachsen oder spirituell, sondern schreibe einfach auf, was dir einfällt! Zum Beispiel: Ich habe Angst, dass ich nie wieder einen Mann finde.

Notiere dir deine zehn größten Ängste/Glaubenssätze.

Nun beginne mit der ersten Frage. Frage zuerst für jeden einzelnen Satz die ganze Sequenz durch und beginne dann mit dem nächsten Satz wieder bei Frage 1 und notiere dir die Antwort. Sprich dich selbst als Fragende mit „du“ an und wiederhole immer deine Aussage von oben.

- Frage 1: Ist das wahr?
  Bsp: Du hast Angst, dass du nie wieder einen Mann findest, ist das wahr?

Nun stelle dir für jeden Glaubenssatz die zweite Frage.

- Frage 2: Kannst du wirklich wissen, dass es wahr ist?
  Bsp: Kannst du wirklich wissen, dass es wahr ist, dass du Angst hast, dass du nie wieder einen Mann findest?
  Notiere dir wieder überall die Antwort.

- Frage 3: Wie reagierst du auf diesen Gedanken?
  Wie verhältst du dich dadurch? Wie wirkst du auf andere?
- Frage 4: Was für ein Mensch wärst du, wenn du diesen Gedanken nicht hättest?
  Wie wärst du, wenn dieser Gedanke einfach weg wäre?

Diese Technik ist unglaublich effizient und ermöglicht dir, sofort über deine Einschränkungen hinauszuwachsen. Byron Katie ist eine bewundernswerte, strahlende Frau, die durch ihre Arbeit schon Tausende von Menschen berührt hat. (Wenn du an weiteren Informationen über sie interessiert bist, besuch doch einmal ihre Website: www.thework.com.)

Mit aufgelösten Ängsten und voller Zuversicht bist du nun auch soweit, etwas über einen kleinen, aber feinen psychologischen Trick zu erfahren: das Gedankenlesen oder Mindread.

Mindread

Über wen sprechen Menschen am liebsten? Richtig! Über sich selbst. Wenn du mit ihm schon ein wenig Zeit verbracht hast und ihm vielleicht die Fragen zur Typbestimmung vom Anfang des Moduls 2 gestellt hast, dann wirst du schon ziemlich sicher wissen, welcher Typ Mann er ist. Er hat dir auch schon so einiges über sich erzählt. Jetzt brauchst du nur zu kombinieren und ein wenig kreativ zu werden. Sage ihm Dinge über sich, die er vielleicht selbst noch gar nicht bemerkt hat. Menschen sind total fasziniert, wenn jemand das kann, und fühlen sich wertgeschätzt, da man sich mit ihrem wahren Charakter wirklich auseinandergesetzt hat.

Ein Beispiel: Karin hat einen jungen Anwalt in einem Club kennengelernt. Sie haben sich schon drei Mal getroffen, und er hat ihr erzählt, dass seine Eltern sehr traditionell sind, dass ihm Bildung und Status sehr wichtig sind und dass er durchaus dazu bereit wäre, auswandern, wenn er die richtige Frau dazu hätte. Er ist der Typ Manager-Held. Das heißt, er ist der ehrgeizigste aller Manager und ein unabhängiger, innovativer Denker. Ihm ist Ehrlichkeit wichtig und er schätzt traditionelle und hohe moralische Werte.

Als er sie einmal im Laufe des Gesprächs fragt, ob sie ihn einschätzen könne, sagt sie: „Ich glaube, dass du ehrgeizig und geradlinig bist und dass du viel mehr machen und dich mehr trauen würdest, wenn du jemanden hättest, der dich dazu motiviert. Du willst noch mehr Abenteuer in deinem Leben erleben, aber du weißt nicht genau, wie sich Tradition und Loyalität gegenüber der Familie damit vereinen lassen. Du bist strukturiert, und gutes Benehmen ist dir extrem wichtig, außerdem fällt es dir leicht, mit unterschiedlichen Menschen klarzukommen. Dumme Menschen kannst du nicht leiden. Du bist immer aufrichtig und respektvoll.“ Er war überrascht über ihre Wahrnehmungsgenauigkeit und fühlte sich wirklich verstanden und auch wirklich gesehen.

Du musst keine Psychologin sein, um die Typisierung zu beherrschen. Ein bisschen Beobachtungsgabe und das Wissen über die vier verschiedenen Typen reichen aus. Du demonstrierst damit nicht nur Intelligenz und Aufmerksamkeit, sondern auch Wertschätzung gegenüber der Einzigartigkeit des anderen.
Probiere es aus und verlasse dich auf deine Intuition, es ist leichter als gedacht! Lies dir dazu noch einmal genau die Beschreibungen der unterschiedlichen Typen durch und vergleiche sie mit dem Mann, den du gerade triffst. Du wirst überrascht sein, wie leicht du ihn schon einordnen kannst. Keine Sorge, verlass dich auf dein Gefühl und denke daran: Übung macht den Meister. Jeder Meister hat einmal ganz von vorne begonnen.
Jeder Mann freut sich darüber, wenn du die Gedanken darüber gemacht hast, wie er ist. Ich habe da einmal eine lustige Geschichte erlebt: Ein Mann, der ein richtiger Aufreißkünstler war, hat zu meiner Freundin Isa im Laufe eines Gespräches einmal gesagt: „Immer wenn du emotional wirst, dann fällst du in den Dialekt.“ Sie war ganz überrascht, dass er das bemerkt hat und so genau hingehört zu haben schien. Allerdings war er optisch gar nicht ihr Typ und sie hatte kein Interesse an ihm. Einige Wochen später traf er sich durch Zufall mit ihrer Freundin Gabriela, die begeistert von ihm schwärmte und sich sicher war, sich noch nie von einem Mann so verstanden gefühlt zu haben. Isa sagte ihr dann zum Spaß: „Warte nur, beim nächs-

ten Date sagt er dir, dass du immer in den Dialekt fällst, wenn du emotional wirst." Gabriela verschluckte sich fast vor Lachen und erzählte, dass er genau das bereits gesagt hatte! Heute lachen wir noch oft darüber, aber diese Geschichte zeigt, wie schnell man sich bei jemandem wohlfühlt, wenn man Dinge über sich selbst zu hören bekommt, über die man sonst nicht so nachdenkt. Natürlich war dieser Spruch plump und etwas unpersönlich, da er es ja zu jeder Frau sagte, aber mit ein bisschen Kreativität und Fingerspitzengefühl kannst du einem Mann ein nettes Kompliment dadurch machen und ihm zeigen, dass du ihn wirklich wahrnimmst.

Übung 26: Mindread

Probiere diese Technik bei Freunden, Bekannten und Arbeitskollegen aus. Höre im nächsten Gespräch aufmerksam zu, überlege, mit welchem Typus du es zu tun hast und sage ihm/ihr ein paar der Eigenschaften oder Träume, die du ihm/ihr zuschreibst.

Achte auf das Feedback! Wenn du dich geirrt hast, dann lass dir sagen, warum, und lerne daraus. Wenn du richtig liegst, dann beobachte die Reaktion des anderen darauf! Du wirst auf jeden Fall mehr über dein Gegenüber erfahren und eine Vertrauensbasis aufbauen. Achte nur darauf, dass du nicht urteilst, bleibe bei den positiven Eigenschaften bzw. bei den Wertvorstellungen.

Phase 7: Sex, endlich!

Wenn zwei Menschen einander lieben, dann gibt es wohl keine schönere Art und Weise, dies zu zeigen, als durch ihre gemeinsame Sexualität. Sex ist nicht nur gesund für unseren Körper, er ist auch gesund für unsere Seele. Wer regelmäßig guten Sex hat, ist weniger anfällig für Depressionen, Herzerkrankungen oder Stress.

Keine Droge der Welt kann ersetzen, was Sex mit dem geliebten Partner für uns bedeutet. Dabei werden im Gehirn allerlei Hormone frei. Sie tragen dazu bei, dass wir uns entspannt, glücklich, energetisch und auch dem anderen verbunden fühlen. Gerade bei Frauen wird beim Orgasmus das Bindungshormon Oxytocin frei. Das erklärt, warum Frauen danach so gerne kuscheln und warum der Schmerz so groß für uns ist, wenn wir nach ein paar heißen Nächten von ihm verlassen werden. Deshalb ist es sinnvoll, darauf zu achten, dass der Sex zur richtigen Zeit passiert, also auf keinen Fall zu früh oder ohne dass wir ihm wirklich vertrauen können.

Wenn du das Gefühl hast, dass er mit dir spielt, oder er klar und deutlich häufig erwähnt, dass er sich nicht binden will, dann lass es besser sein. Schütze dich vor negativen Erfahrungen, so gut du kannst, dein Selbstbewusstsein wird es dir danken. Spätestens am nächsten Morgen bist du froh, dass du keinen Sex mit ihm hattest, und kannst dich auf einen Mann konzentrieren, dem du etwas bedeutest.

Zwei der schönen Seiten am Sex sind die Vorbereitung und die Vorfreude. Das Aussuchen der passenden Wäsche, die Auswahl des Parfums und die Aufregung vor dem ersten Mal mit einem neuen Partner lassen fast jede Frau in einen außergewöhnlichen Zustand kommen.
Sex ist nicht nur der körperliche Akt allein, es ist das Zusammenspiel verschiedener Kräfte. Da ist die langsame Annäherung vorher, das prickelnde Gefühl, wenn beide voneinander wissen, dass „es" heute passieren darf, die ersten Küsse, die nach mehr verlangen, zärtliche oder anzügliche Worte und fallende Kleidungsstücke. Kannst du dich fallen lassen?
In der ersten Datingphase empfehle ich Zurückhaltung, dem süßen, liebevollen und intelligenten Teil deiner Weiblichkeit den Vortritt zu lassen, um dann in Phase 7 zum Vamp, zur Göttin, zur Venus zu transformieren. Lass dich gehen, genieße und gib reichlich. Sorge dafür, dass er den Verstand verliert! Es stimmt wirklich, Männer wollen die „Heilige" in der Öffentlichkeit und die „Hure" im Bett. Also sei kein Mauerblümchen und leg dich nicht mit geschlossenen Augen auf den Rücken, sondern lebe deine Weiblichkeit aus. Natürlich hast du deine eigenen Grenzen und die behältst du auch bei. Aber trotzdem behandle ihn so, wie du selbst behandelt werden möchtest.
Manchmal haben Frauen Angst, aus sich herauszugehen und sich wirklich hinzugeben. Einige können Sex auch kaum genießen, obwohl sie es wirklich gerne würden. Jetzt

ist es an der Zeit, all das hinter dir zu lassen und dich selbst zu befreien. Es gibt keinen Grund, deine Weiblichkeit nicht vollkommen auszuleben mit allem, was dazugehört.
Die Frauen in den Generationen vor uns haben sich Schritt für Schritt aus einer männerdominierten Gesellschaft erhoben und ihre Sexualität befreit. Wir sollten in ihrem Andenken unsere Freiheit genießen und Vorbild sein für all die Frauen, die nach uns kommen. Heutzutage gibt es schon viele Möglichkeiten, auf dem Gebiet der Sexualität weiterzuforschen. Es gibt Sexshops nur für Frauen. Wenn du noch nie in einem warst, dann wird es jetzt Zeit! Nimm deine beste Freundin mit oder geh alleine hin, wenn dir das lieber ist, aber trau dich! Mit jedem Mal, wo du etwas Neues tust und eine Angst oder Scheu überwindest, wächst du und wirst stärker, selbstbewusster und kehrst immer mehr zu der Göttin zurück, die in dir schlummert. Befreie sie!
Was sind deine liebsten Sexszenen in Kinofilmen? Sieh sie dir an. Wovon träumst du? Welche Fantasien hast du, die du noch nie ausgelebt hast? Tu es, jetzt!
Ich habe einmal einen Tantrakurs besucht und kann diese Erfahrung jeder Frau empfehlen. Auch wenn du danach nicht weiter Tantra machen willst, es gibt dort einige Übungen, die dir dabei helfen, tief sitzende Schuldgefühle oder Hemmungen zu überwinden. Es gibt auch Tantrakurse nur für Frauen. Außerdem sind eine ganz Menge Bücher zum Thema Sex im Handel erhältlich. Manche davon sind

wirklich interessant und lehrreich. Sieh dich in einer großen Buchhandlung oder im Internet einmal um und kaufe dir ein paar Bücher. (Die von Lou Paget sind wirklich empfehlenswert, z. B. „Die perfekte Liebhaberin", darin findest du ein paar interessante neue Techniken, die bei deinem Traummann nicht nur das Herz höher schlagen lassen.)

Übung 27: Exkursion

Gehe in einen Sexshop oder besuche einen Onlineshop, falls es keinen in deiner Nähe gibt. Sieh dich in Ruhe um, lass alles auf dich wirken und kauf dir etwas!

Erst wer sich selbst liebt, kann auch jemanden anderen lieben. Dieser Satz gilt natürlich nicht nur für geistige Liebe, sondern auch für körperliche. Eine Frau, die gut zu sich selbst sein kann und dazu auch vollkommen steht, ist eine Göttin, die keine Autorität anerkennt außer die eigene. Niemand sagt ihr, was o. k. ist und was nicht, denn sie entscheidet dies selbst für ihr Leben und ihren Körper. Du willst den Mann deiner Träume verführen und behalten? Dann lebe deine Sexualität. Die meisten Männer gehen aus sexuellen Gründen fremd. In Deutschland und Österreich sind sogar etwa 80 Prozent aller Bordellbesucher verheiratet! Weißt du, warum so viele Männer ins Bordell gehen? Weil sie zu Hause nicht das bekommen, was sie sich wünschen! Willst du deinen Mann an dich binden, dann pfeif auf alte Hemmungen und gib ihm, was er braucht – und was dir gefällt!

Übung 28: Schreibe dein eigenes Drehbuch

Nimm dir für diese Übung mindestens 20 Minuten ungestörte Zeit.

Denk an den sinnlichsten, befreiendsten Sex, den du in deinem Leben hattest. Erinnere dich an alle Details. Vielleicht fallen dir auch noch andere außergewöhnlich sinnliche Momente ein. Fasse sie alle zusammen und lass die Erinnerungen daran ineinanderfließen.

Sieh, was du gesehen hast, höre, was du gehört hast, fühle genau, was du damals gefühlt hast – in allen Körperregionen, gehe mit deiner Aufmerksamkeit jetzt genau dorthin – schmecke, was du damals geschmeckt hast und erinnere dich auch an den Geruch aus dieser Situation. Bemerke das Gefühl der Lust, das durch deinen Körper wirbelt. Lass es schneller und schneller werden und stärker. Gib ihm eine ganz besondere Farbe, während du es stärker und schneller durch deinen Körper laufen lässt und all die Erinnerungen wieder erlebst, so als ob sie jetzt im Augenblick geschehen.

Stell dir nun vor, wie du deinen Traummann anlächelst, mit all den Erinnerungen und Gefühlen in dir und der Lust, die sich schneller und stärker durch deinen Körper dreht. Was wirst du tun, damit er sich genauso gut fühlt wie du? Wie wirst du ihn berühren? Wie ansehen? Was wirst du ihm ins Ort flüstern?

Male dir deine sinnlichste Nacht in allen Einzelheiten aus. Was darf noch passieren? Wie wird sie beginnen? Wie oft und wie lange wirst du deine überschäumende Weiblichkeit mit ihm teilen? Wie wird sie enden?

Nimm diese Bilder und dieses Gefühl in deiner Erinnerung mit. Jedes Mal, wenn du dich wieder so fühlen willst, brauchst du nur an den Weg der Lust durch deinen Körper zu denken und die Farbe der Lust zu visualisieren. Der Rest passiert dann ganz natürlich wie von selbst.

Es gibt nur ein erstes Mal. Genieße es!

Phase 8: Weitere Nächte

Nach der ersten Nacht bist du vielleicht Feuer und Flamme, alles ist perfekt gelaufen und du bist dir sicher, dass er der Richtige ist. Am liebsten würdest du jetzt jeden Abend mit ihm verbringen. Sag ihm das bitte nicht! Behalte es für dich. Noch bist du nicht im sicheren Hafen. Bleib mit deiner Aufmerksamkeit bei dir selbst und bei deinem Leben. Ich weiß, das ist schwer, wenn sich die Gedanken nur um ihn drehen, aber es ist die sicherste Möglichkeit, ihn auch wirklich zu behalten. Ruf ihn nicht an. Schreib keine E-Mails oder SMS. Fahre nicht zehnmal am Tag an seiner Wohnung vorbei. Leb dein Leben weiter. Triff deine Freunde, unternimm etwas, tu dir selbst etwas Gutes oder lerne eine neue

Sprache. Genieße dein Leben in vollen Zügen und lerne so, glücklich zu sein, ohne einen Partner dazu zu brauchen. Umso erfüllter und schöner dein Leben ist, umso leichter wirst du eine Beziehung finden. Wenn du dir nichts so sehr wünscht, wie deinen Traummann zu heiraten, dann gibt es dazu einen sicheren Weg: Sei jetzt schon glücklich und lass es dir gut gehen, denn sonst wirst auch in der Ehe nach kurzer Zeit wieder unzufrieden sein.

Aber bevor es soweit ist, gilt es abzuwarten und durchzuhalten.

Je früher er dich anruft, desto besser. Das heißt, dass er an dir Interesse hat. Wenn er zwei bis drei Tage wartet und dann anruft, dann hat er Interesse und fährt wahrscheinlich eine Taktik. Wenn er nach dem ersten Sex eine Woche lang nicht anruft, dann ist er entweder schwer verunglückt und liegt bewusstlos im Krankenhaus oder er hat nur mangelndes Interesse an dir. Ruf ihn nicht an! Ein Mann meldet sich, wenn er sich sicher ist, dass er dich will. Falls er sich nicht meldet, kann das unterschiedliche Gründe haben. Vielleicht trifft er sich gleichzeitig mit einer anderen oder er weiß, dass er mit dir momentan keine Beziehung eingehen will, und möchte dich nicht verletzen. Zurückweisung ist nicht gerade angenehm, aber es passiert jedem Menschen einmal. Du hast bestimmt auch schon so manchem Mann das Herz gebrochen, der in dich verliebt war.

Dieser Mann war eben noch nicht der Richtige für dich. Wahrscheinlich hätte es sowieso nie geklappt und du

kannst froh sein, dass du nicht mehr riskiert hast. Jetzt hast du die Möglichkeit, dich auf die Suche nach deinem Traummann zu begeben. Und das Gute ist, dass es noch unzählige andere Männer da draußen gibt!
Bitte komm nicht auf Idee, ihn betrunken anzurufen und zu fragen, ob er dich wirklich will. Das macht es nur noch schlimmer und wird dir ziemlich peinlich sein, wenn du wieder ausgenüchtert bist. Falls du dazu neigst und dir nicht sicher bist, ob du dich kontrollieren kannst, dann ist es besser, wenn du seine Nummer löscht. Dadurch kannst du vorbeugen, dass du ihn in einem schwachen Moment anrufst. Sollte er dich anrufen, dann wirst du es merken, wie er zu dir steht, keine Sorge.
Viele gute Männer sind es gewohnt, dass ihnen die Frauen hinterherlaufen. Je älter sie werden, umso eher wünschen sich die meisten Frauen eine Beziehung und versuchen die um jeden Preis durchzusetzen. Männer ab einem bestimmten Alter wissen das und wünschen sich nichts mehr als eine selbstständige, ausgeglichene, geheimnisvolle und sinnliche Frau, die durch ihre Weiblichkeit sein Leben bereichert. Wenn eine Frau ständig anruft oder SMS schickt, dann irritiert ihn das. Und auch wenn sie im anfangs gefallen hat, sinkt ihr Wert in seinen Augen durch zu häufiges Melden. Jeder Mann, der das Gegenteil behauptet, lügt. Ich würde jederzeit ein Beweisexperiment starten.
Vielleicht ruft er dich auch gleich am nächsten Tag an. Du kennst die Regeln bereits: Halte die Zeit knapp, spiegle ihn

und gib ihm den nächsten Termin frühestens in drei Tagen, auch wenn es dir schwerfällt. Du wirst ihn vermissen? Ja? Er dich auch! Umso mehr wird er sich freuen, wenn ihr euch dann seht.
Kannst du dich noch an die Weihnachtsfeste deiner Kindheit erinnern? Wie aufregend und schön es war, die Tage bis zum Heiligen Abend zu zählen, die Schränke nach Geschenken zu durchsuchen oder einen Wunschzettel an das Christkind zu schreiben? Die Spannung, wenn das Fest und die Bescherung immer näher rückten, die letzten Stunden vor dem Auspacken, die sich in die Länge ziehen konnten wie Kaugummi, und all die Vorstellungen und Wünsche, was es diesmal geben sollte. Es dauerte alles so unendlich lang. Der Dezember war jedes Jahr der Monat, den ich am intensivsten erlebte und als den längsten empfand. Dann endlich, der Heilige Abend, die Tür öffnete sich und der Baum erstrahlte im Licht der Kerzen. Darunter blinkten mit wunderbar buntem Geschenkpapier die Päckchen. Welche gehörten dir? Und was befand sich wohl darin? War das nicht schön? Diese Spannung und die Vorfreude? Weihnachten wäre nicht halb so schön, wenn es diese Rituale und die Vorbereitungszeit nicht gäbe. Stell dir vor, deine Eltern wären mit dir in einen Spielzeugladen gegangen und du hättest für 100 Euro Geschenke aussuchen dürfen, sie aber unverpackt mitnehmen müssen. Stell dir vor, das wäre dein Weihnachten gewesen … Oder deine Eltern hätten dir jeden Tag im Dezember ein neues

Spielzeug einfach so ins Zimmer gestellt. Wie lange hätte dir das Freude bereitet?
Lass dem Mann die Vorfreude und die Spannung auf dich und präsentiere dein „Geschenk“ dann zur rechten Zeit in passender Verpackung. Die männliche Psyche, der Jäger in ihm, wird automatisch darauf anspringen!
Halte bei den ersten gemeinsamen Nächten die Zeit noch knapp. Wenn er bei dir übernachtet, dann lass dir einen guten Grund einfallen, um ihn wegzuschicken. Bist du bei ihm, dann warte nicht, bis er dich hinausbittet. Bleibe nicht bei ihm kleben, sondern kümmere dich um dein Leben. So bleibst du unabhängig und frei. Achte darauf, viele andere Möglichkeiten zu haben, die dich glücklich und erfüllt machen.
Manchmal ist es auch ganz gut, ihn ein wenig eifersüchtig zu machen und ihn spüren zu lassen, dass du auch andere Männer haben kannst. Lies in seiner Gegenwart schmunzelnd eine SMS und auf seine Frage, wer das sei, antworte kokett mit: „Ach, nur ein guter Freund“. Beim Ausgehen lache auch über die Witze seiner Freunde oder unterhalte dich nett mit dem Kellner oder einem anderen Gast, wenn er von der Toilette zurückkommt. Zeige ihm, dass du frei bist, ihn zu wählen. Natürlich darfst du es nicht übertreiben und heftig mit anderen flirten, denn das würde ihn abschrecken. Aber zeige ihm, dass du ihn nimmst, weil du ihn willst, nicht weil du ihn brauchst!

Übung 29: Die richtigen Fragen stellen

Die Qualität deiner Fragen bestimmt die Qualität deiner Antworten. Wer sich jeden Tag fragt: „Warum bin ich so fett?“ wird viele Gründe dafür finden. Wer aber fragt: „Was kann ich jetzt tun, um schlank zu werden?“ wird Lösungsmöglichkeiten entdecken und sich in Richtung des positiven Ziels bewegen.

Hier ein paar Fragen, die du dir jeden Tag stellen kannst:

Morgenfragen:
- Was macht mich heute besonders glücklich?
- Wen liebe ich?
- Wer liebt mich?
- Was kann ich heute tun, um mehr Liebe und mehr Lachen in die Welt zu bringen?
- Warum bin ich so wunderbar und liebenswert?

Abendfragen:
- Was habe ich heute gut gemacht?
- Wen habe ich heute bereichert oder glücklich gemacht?
- Was habe ich heute gelernt?
- Woran habe ich heute bemerkt, dass ich eine Göttin bin?
- Was hat mich heute glücklich gemacht?

Phase 9: Gemeinsame Wochenenden

Bisher ist alles gut gelaufen. Du hast die aufregende Anfangsphase gut überstanden, kennst ihn nun schon viel besser und ihr verbringt regelmäßig Zeit miteinander.
Liebe gebärt Liebe. Kennst du diesen einen Moment, in dem du plötzlich weißt, dass er sich verliebt hat? Wenn er dich auf eine ganz besondere Weise ansieht, seine Stimme einen eigenen Tonfall bekommt oder er dich auf eine Art berührt, sodass du weißt, er empfindet mehr für dich? In diesem Moment durchströmen dich Glücksgefühle und du verliebst dich zurück. Das funktioniert auch andersherum, Männer und Frauen verlieben sich in Menschen, wenn diese sich in sie verliebt haben.
Du kannst diese Momente selbst erzeugen. Woran merkst du eigentlich, ob dich jemand liebt? Reagierst du auf Blicke? Musst du es hören oder sind es bestimmte Worte, eine bestimmte Tonalität, die dir die Sicherheit geben? Oder sind es eine Berührung, eine Umarmung oder ein inniger Kuss, die dir signalisieren, dass er dich liebt?
Auf welches dieser Zeichen reagierst du am stärksten: auf ein visuelles (über Blicke), ein auditives (über Worte) oder ein kinästhetisches (über Berührungen)?
Jeder Mensch ist hier unterschiedlich geprägt und bevorzugt ein spezifisches Sinnessystem. Wenn zwei Menschen in einer Beziehung sind und einer ist visuell und der andere auditiv veranlagt, dann kann es zu Schwierigkeiten kom-

men, wenn die beiden nicht aufeinander eingehen. Wenn sie als auditiver Typ darauf wartet, dass er ihr Liebesgeständnisse ins Ohr flüstert, und er sie als visueller Typ nur verliebt ansieht, dann wird sie ihm irgendwann vorwerfen, dass er sie nicht liebt. Natürlich ist der visuelle Partner vollkommen überrascht über ihre Anschuldigung, hat er doch eindeutig mit seinen Blicken seine Liebe gezeigt.

Finde heraus, welches Repräsentationssystem er hauptsächlich nutzt. Ist er visuell, auditiv oder kinästhetisch?

Die meisten Streitigkeiten sind bloße Missverständnisse. Du brauchst ihn nur zu beobachten und ihm gut zuzuhören, dann wirst du schnell wissen, welches Sinnessystem er hauptsächlich nutzt.

- Visueller Typ: spricht schnell und viel
- Visuelle Worte: sehen, schauen, blicken, klar, hell, dunkel, strahlend, Übersicht, unsichtbar, schleierhaft, ausmalen, Perspektive …
- Auditiver Typ: achtet auf Betonung und Sprechtempo
- Auditive Worte: hören, lauschen, laut, leise, klingen, es schreit zum Himmel, ich sag mir, zustimmen, unerhört …
- Kinästhetischer Typ: spricht mit angenehmem Tempo
- Kinästhetische Worte: angenehm, fühlen, spüren, berühren, prickelnd, hart, weich, zugreifen, lässt mich kalt, ermüdend …

Je nach Typ verwenden Menschen hauptsächlich visuelle, auditive oder kinästhetische Worte.

Ein visueller Mensch würde sagen: „Das sieht gut aus". Ein auditiver Typ sagt: „Das klingt gut", und der Kinästhet sagt: „Mein Gefühl sagt mir, das passt so".
Wenn du beginnst darauf zu achten, welche Worte jemand hauptsächlich verwendet, dann bemerkt du sehr schnell seine Tendenz zu einem bevorzugten Sinnessystem.
Menschen fühlen sich automatisch verstanden, wenn jemand in ihrem Repräsentationssystem antwortet. Vielleicht kennst du das: Du unterhältst dich mit jemanden und verstehst eigentlich kein Wort von dem, was der andere sagt? Die Person kann sich in dich überhaupt nicht einfühlen oder hat keinen Durchblick? Dann kommuniziert sie in einem anderen System als du. Lerne dich auf andere Systeme einzustellen, so kannst du vielen Missverständnissen vorbeugen.

Übung 30: Sprich die Sprache des anderen

Achte täglich bei mindestens einer Person, mit der du sprichst, auf ihr bevorzugtes Sinnessystem. Höre genau zu und beobachte: Verwendet dein Gegenüber visuelle, auditive oder kinästhetische Ausdrücke?

Versuche im selben Sinnessystem zu antworten und beobachte die Reaktion.

Ein Tipp zum Abschluss: Sag ihm nicht, dass du ihn liebst, bevor er es sagt! Bleibe noch ein bisschen reserviert und

geh nicht zu weit. Vermeide es, über das Thema Beziehung oder gar Ehe zu sprechen, bevor er es tut. Genieße eure gemeinsame Zeit, doch vernachlässige niemals dein restliches Leben.
Wenn du in diesem Stadium beginnst, deine Freundinnen weniger oft zu sehen, oder Hobbys und Sport vernachlässigst, nur um bei ihm zu sein, dann bist du gerade dabei, in die Bedürftigkeitsfalle zu tappen. Vorsicht! Eure Beziehung wird umso schöner für euch beide, je mehr jeder von euch er/sie selbst bleiben kann und trotzdem Liebe und Rückhalt beim Partner erlebt.

Phase 10: Jetzt ist es fix!

Du verbringst nun schon viel Zeit mit deinem „Mr. Big". Ihr habt euch kennengelernt und zueinander Vertrauen aufgebaut. Woher weißt du, dass eure Beziehung für ihn nun sicher ist?
Er wird es dir deutlich kommunizieren. Entweder fragt er dich direkt danach oder er stellt dich überall als seine Freundin vor oder er spricht an, dass er außer dir keine andere Frau trifft und dass du etwas ganz Besonderes für ihn bist. Wie auch immer er es dir zeigt, du kennst ihn nun schon ein wenig und wirst es eindeutig merken.
Sollte er jedoch immer noch darauf beharren, dass er beziehungsunfähig ist, dass er sich noch nicht sicher ist oder dass er generell noch nicht bereit ist, sich fest zu bin-

den, dann lass ihn bitte stehen. Denn dann nutzt er dich nur aus, vielleicht sexuell oder emotional – und das hast du nicht nötig. Du bist eine Göttin und verdienst es, geliebt und geehrt zu werden. Und es gibt viele Männer, die sich darum reißen würden, dich glücklich zu machen!

Willst du diesen Mann trotzdem unbedingt haben, dann gibt es eine Möglichkeit – sei dir aber gewiss, dass du in Zukunft mit ihm immer wieder solche Schwierigkeiten haben könntest:

Gehe zunächst einen Schritt zurück. Melde dich nicht mehr bei ihm und beobachte, wie lange es dauert, bis er sich bei dir meldet. Wenn er anruft, halte die Zeit ganz besonders knapp. Gib ihm maximal fünf Minuten und sag ihm freundlich, aber bestimmt, dass du etwas anderes zu tun hast. Halte dich an deine Aussagen! Du kannst nicht sagen, dass du jetzt aufhören musst und dann trotzdem eine Stunde an der Strippe hängen. Leg auf, sonst nimmt er dich nicht ernst. Wenn er sich wirklich für dich interessiert, wird er öfter anrufen. Halte ihn knapp für die nächsten vier Wochen! Sollte er dich nach einem Treffen fragen, dann hast du keine Zeit, du hast schon etwas anderes ausgemacht. Sei nicht verfügbar. Sage frühestens bei seinem dritten Angebot euch zu treffen zu. Aber auch hier beschränke die Zeit. Das machst du so lange, bis er dich entweder fragt, ob ihr zusammensein könnt oder bis du die Nase voll hast von seiner Unsicherheit und Lust hast, jemanden zu treffen, der erwachsener und reifer ist.

Er hat dich gefragt, oder bezeichnet dich offiziell als seine Freundin? Gratuliere! Das muss gefeiert werden!
Du hast in den letzten Wochen einiges dazugelernt und viele spannende Dinge erlebt. Damit es gut weitergeht für euch und eure frische Liebe, schaffe eine gute Basis für eure Beziehung, indem du immer darauf achtest, es dir selbst gut gehen zu lassen und nicht abhängig oder bedürftig zu werden. Du hast schon so viel erreicht, feiere jeden deiner Erfolge und lies dir mal wieder durch, was du dir am Anfang deiner Reise zum Traummann notiert hast. Siehst du, wie viel du schon dazugelernt hast? Bleibe dran, das Leben einer selbstbewussten, glücklichen Frau zu leben.

Beziehungsleben: Die sechs Grundbedürfnisse nach Anthony Robbins

Der Motivationstrainer und Coach Anthony Robbins hat die Technik des Neuroassoziativen Konditionierens entwickelt, die dabei helfen soll, herauszufinden, was einem im Leben besonders wichtig ist und wie man das erreicht. Er geht davon aus, dass jeder Mensch, unabhängig von Alter, Herkunft oder sozialem Status dieselben sechs Grundbedürfnisse hat. Die Erfüllung dieser Bedürfnisse treibt unser gesamtes Leben an und kann in jeder deiner Handlungen entdeckt werden. Sie sind die Grundlage für Entscheidungen, Einstellungen und das Bestehen oder Zerbrechen von Beziehungen.

Wenn deine Grundbedürfnisse in einer Beziehung nicht mehr erfüllt werden, dann gehst du und suchst dir eine neue Partnerschaft. Menschen, die sich aus schlechten Beziehungen nicht lösen können, bleiben deshalb, weil der Partner – wenn auch auf negative Art und Weise – ihre Bedürfnisse ausreichend erfüllt. Auch Drogen, Alkohol oder Gewalt erfüllen die Grundbedürfnisse. Leider auf destruktivem Weg.

Wenn du die Grundbedürfnisse deines Partners auf positive Weise erfüllen kannst, dabei spielerisch, leidenschaftlich und respektvoll bleibst, Liebe, Wachstum und Geben für euch an erster Stelle stehen, dann wird eure Beziehung für immer halten und euch Stärke und Rückhalt geben.

Die sechs Grundbedürfnisse sind:

1. Sicherheit: Ohne ein gewisses Maß an Sicherheit fühlen wir uns unwohl. Wir wollen wissen, dass der Partner zu uns steht, uns die Wahrheit sagt und wir ihm vertrauen können. Wenn Menschen zu wenig Sicherheit in ihrer Partnerschaft haben, dann holen sie sich diese über andere Kanäle, wie z. B. Job, Geld oder Drogen.

2. Abwechslung: Wenn man immer genau weiß, was der andere im nächsten Moment tut, dann wird uns langweilig. Genau so sehr wie wir Sicherheit und Komfort brauchen, verlangen wir auch nach Abwechslung und Abenteuer. Am

Anfang einer Beziehung gibt es noch vieles, das neu und aufregend ist. Behalte dies bei, überrasche deinen Partner und sei spannend, indem du immer wieder Neues in eure Beziehung einbringst. Dadurch verhinderst du, dass er sich das Abenteuer woanders holt.

3. Bedeutung: Jeder Mensch möchte für jemanden anderen wichtig und bedeutend sein. Es tut gut zu wissen, dass man gebraucht wird und einen besonderen Stellenwert beim Partner hat. Lass ihn spüren, dass er für dich an erster Stelle steht, und lass es zu, dass es Dinge gibt, die nur er erledigen kann. Wenn du eine besonders starke Frau und gewohnt bist, alles alleine zu tun, dann gib jetzt an ihn ab. Lass ihn Mann sein und dich zur Frau machen. Es gibt kaum etwas Schöneres, als sich in einer Beziehung fallenlassen zu können. Hebe ihn als Mann hoch, gib ihm die Bedeutung, die er verdient, und er wird dich glücklich machen.

4. Liebe/Verbindung: Wir alle wollen geliebt werden und suchen nach Nähe und Intimität. Wer keine Liebe empfindet, sucht zumindest nach Verbindung. Das Ausmaß an Liebe, das wir selbst empfinden können, hängt davon ab, wie viel wir fähig sind zu geben. Liebe kannst du durch Blicke, Worte oder Berührungen geben. Wer liebt, kann nur gewinnen und niemals verlieren, da selbst nur das Geben von Liebe bereits das Erleben von Liebe bedeutet.

5. Wachstum: Was nicht wächst und sich nicht entwickelt, das verkümmert und stirbt. Beziehungen sind der optimale Ort, um zu wachsen und zu lernen. Wenn eine Beziehung nicht besser wird und wächst, dann wird sie irgendwann eingehen. Lass dich nicht gehen, sondern bleib dran. Biete dir und deinem Partner die Chance auf Entwicklung, dann wird eure Beziehung über das normale Level hinauswachsen und du wirst deine Träume erreichen. Hab immer deine große Vision im Blick!

6. Geben über sich hinaus: Für bloßes Überleben braucht dieses Grundbedürfnis nicht erfüllt zu sein. Geben über sich hinaus ist Teil eines außergewöhnlichen, erfüllten Lebens. Was möchtest du der Welt hinterlassen? Was ist dein persönlicher Fußabdruck? Welche Besonderheit kannst du für eure Beziehung beisteuern?

Übung 31: Die eigenen Grundbedürfnisse erkennen

Notiere dir in deinem Notizbuch:

Wodurch werden die sechs Grundbedürfnisse in deinem Leben erfüllt?

Welche drei Dinge tust du, um Sicherheit zu empfinden? Sind sie positiv oder negativ? Wenn eines oder mehrere davon negativ sind, in welche positiven Voraussetzungen kannst du sie jetzt ändern?

Welche drei Dinge tust du, um Abwechslung zu empfinden? Sind sie positiv oder negativ? Wenn eines oder mehrere davon negativ sind, in welche positiven Voraussetzungen kannst du sie jetzt ändern?

Welche drei Dinge tust du, um Bedeutung zu empfinden? Sind sie positiv oder negativ? Wenn eines oder mehrere davon negativ sind, in welche positiven Voraussetzungen kannst du sie jetzt ändern?

Welche drei Dinge tust du, um Liebe zu empfinden? Sind sie positiv oder negativ? Wenn eines oder mehrere davon negativ sind, in welche positiven Voraussetzungen kannst du sie jetzt ändern? Welche drei Dinge tust du, um zu wachsen? Sind sie positiv oder negativ? Wenn eines oder mehrere davon negativ sind, in welche positiven Voraussetzungen kannst du sie jetzt ändern?

Welche drei Dinge tust du, um über dich hinaus zu geben? Sind sie positiv oder negativ? Wenn eines oder mehrere davon negativ sind, in welche positiven Voraussetzungen kannst du sie jetzt ändern?

Übung 32: Die Grundbedürfnisse des Partners erfüllen

Notiere dir in deinem Notizbuch:

Wie kannst du die Grundbedürfnisse deines Partners auf positive Weise erfüllen?

Nenne jeweils drei Arten, auf die du das Bedürfnis nach

- Sicherheit
- Abwechslung
- Bedeutung
- Liebe
- Wachstum
- Geben über sich hinaus

bei ihm erfüllst.

Jeder Mensch bewertet die Grundbedürfnisse unterschiedlich. Für jeden steht ein anderes Bedürfnis an erster Stelle. Manche schätzen Sicherheit über alles, andere brauchen Abenteuer und wieder andere suchen stets nach Bedeutung. Manchmal kann diese Reihung unser Beziehungsglück beeinflussen. Wenn beiden Partnern Bedeutung wichtiger ist als Liebe, dann kann sich die Beziehung zu einem Konkurrenzkampf um Wichtigkeit und Macht entwickeln. Steht Abwechslung an erster Stelle, dann wird es vielleicht schwierig, einander zu vertrauen und zu entspannen. In langen, gut funktionierenden Beziehungen steht also immer die Liebe an erster Stelle, gefolgt von Wachstum und Geben, erst dann folgen die anderen Grundbedürfnisse Sicherheit, Abwechslung und Bedeutung.

Übung 33: Wertehierarchie

Beantworte die folgenden Fragen schriftlich in deinem Notizbuch:

Wie war bisher die Rangfolge deiner Grundbedürfnisse? Was war dir am wichtigsten? (Bringe die Bedürfnisse in eine Reihenfolge, die deiner Wertung aus der Vergangenheit entspricht.)

Wie hat sich diese Reihenfolge auf deine Beziehungen ausgewirkt? Gab es dadurch Schwierigkeiten?

Wie solltest du die Grundbedürfnisse in Zukunft ordnen, um die Beziehung deiner Träume zu führen? (Bringe die Bedürfnisse in eine Reihe, die dem Erreichen deiner Ziele dient.)

Die Übungen kannst du auch machen, bevor du in einer Beziehung bist. Sie dienen dir dabei, dir über dich selbst klar zu werden und dich auf deinem Weg zur Beziehung deiner Träume zu unterstützen.

Auch wenn die Scheidungsrate heutzutage zugenommen hat: Es ist durchaus möglich, eine lebenslange, erfüllende, glückliche Beziehung zu führen. Grundvoraussetzung ist es, dass man sich selbst liebt und dann den passenden Partner auswählt.

Bleibe dir selbst treu, lass es dir gut gehen, mach's dir leicht und genieße dein Leben in vollen Zügen, dann bist du das perfekte Gegenüber für deinen Traummann. Halte immer fest an deiner Vision der großen Liebe und begegne allen Menschen mit Wertschätzung und Respekt, auch wenn sie dir gegenüber nicht immer ihre beste Seite zeigen. Du bist eine Göttin und du hast die Fähigkeit, Liebe und Lachen in der Welt zu hinterlassen, sodass sich jeder Mensch nach einer Begegnung mit dir leichter und bereichert fühlt.

Göttin, lass es dir gut gehen!

Ausklang

Wenn du am Ball bleiben möchtest, sieh dir auch regelmäßig die Blogbeiträge auf meiner Webseite an, es gibt immer wieder neue, spannende Informationen über Beziehungen und Männer.

Wenn du Lust hast dich mit einem Kreis von gleichdenkenden Frauen auszutauschen, dann komm ins Forum auf www.newsocialdynamics.de und erzähle von deinen Erfahrungen. Dort haben wir die Möglichkeit uns gegenseitig zu unterstützen und immer wieder daran zu erinnern, wie viel Potenzial in uns steckt. Nütze diese Chance und logg dich kostenlos ein!

Dir als Leserin dieses Buches biete ich einen exklusiven Gratiszugang zu meinem „Webinar“! Möchtest du mehr über die Technik des Ankersetzens erfahren, schreibe mir einfach eine E-Mail an info@newsocialdynamics.com mit dem Betreff: „WEBINAR – ERFOLG BEI MÄNNERN – ANKER“. Ich sende dir dann das Video zu und zeige dir, was man mithilfe der Anker alles bewirken kann.

Weitere interessante Informationen über Byron Katies „The Work“ erhältst du auf ihrer Internetseite unter www.thework.com.

Mehr über Anthony Robbins erfährst du unter www.anthonyrobbins.de.